ちくま文庫

伝達の整理学

外山滋比古

筑摩書房

目次

伝達の整理学

第一章 伝達という新しい文化

大きなコトバ

話すコトバ、聴くコトバ

われわれ日本人は、ことばが好きである、と、なんとなく思っているようで、ことばの勉強もしっかりしている。しかし、同時に、われわれのことばはいくらか偏っているのではないかという反省も、わずかではあるが、するのである。本当に、日本は、〝言霊《ことだま》のさきおう国〟なのかと言われると、不安になる。

われわれは、生まれるとすぐ、ことばの学習を、それとは思わずに進めはじめる。先生があるわけではない。家庭で自然の学習が、それとは自覚されずに行われる。

二年もすると、ことばらしいものが使えるようになる。これは、こどもの一生を左右する大切なことばである。昔の人が、〝三つ児《ご》のたましい〟といったものは、このはじめのことばを根にもっていると思われる。

このはじめてのことばをどうして身につけるかで、一生が変わってくるかもしれない、といったことを考える家庭はほとんどないからこの三つ児のことばは、さまざまであるが、どうすることもできない。

小学校へ入ると本格的にことばの教育が始まるが、はっきりした特徴をもっている。まず読むことを教える。コトバの勉強のことは、かつて〝読み方〟といわれた。いまは、そんなことはないかもしれないが、戦前・戦後のしばらく、国語科の学習は文字を読むのが中心であった。その頃でも〝書き方〟の時間はあったが、この〝書き方〟は文章の書き方ではない。毛筆で文字を書くのが〝書き方〟であった。

文章も書くことは、ほとんど教えない。読み方の勉強のついでに、文章を書いてこいという宿題が出る。それは〝綴《つづ》り方〟と言ったが、正規の授業で、綴り方という時間はなかったのである。だれも不思議と思わなかったのであろう。戦後、アメリカに指摘されて、おどろいた国語教師はすくなくない。

文字中心のコトバ教育が百年もつづいてきたのだから、ことばの感覚がいささか特別なものになるのは是非もない。

実用的な文章より文学的な文章の方が高級であるような感じ方がひろく、つよくはたらいた。俳句、短歌という世界に比を見ない文学が栄えたのは偶然ではない。俳句はうまいが、実用的文章は苦手であるというのが、すこしも珍しくない。

読むこと中心にコトバを考えてきたのである。書くことは、おろそかにされたが、おろそかにしているという自覚をもつ日本人はほとんどなかった。

〝読み方〟中心のコトバの教育をしていて、ことばのはたらきには、話し、聞くという機能があるということは、問題にされることもなかった。日本語を沈黙の言語としてしまったのは、日本人自身である。

早い話、声の出しかたを知らずに一生をすごす人がほとんどである。しゃべるのが商売の学校の教師も、コトバは勉強していても、話し方はご存じない。

戦前から、小学校教員を養成する師範学校は、すばらしい教育をした。りっぱな先生を送り出すことができた。

ただ、ことばの教育が文字に偏っていたのに気づかなかった。無視したのかもしれない。文字の教育にはすぐれていたが、声の教育など、まったく関心がない。発声の訓練を受けて教員になる人はいなかったのだが、みんながそうであるから、危険だと注意する人もない。悲しい話である。

新進気鋭の青年が新任教師として小学校へつとめる。ことに小学校は、こどもが、おとなしくしていない。教師としては、声をはり上げなくてはならないが、大きな声の出し方がわからない。教わったこともない。勝手に我流で大声をはり上げて授業する。

へとへとに疲れるが、新任教師ははりきっているから問題にしない。

毎日、数時間、大声をはり上げるのが、文字通り重労働であることを、ほとんど教わる機会がなかったのは、痛ましいことである。

疲労しているのに、それを無視していればロクなことにはならない。夏休みが明けて秋の学期が始まるころになると、体調不良を訴える先生があらわれる。あちらにも、こちらにも、倒れる教師があらわれる。かつては肺病といわれた結核にやられる。うっかりすると重症化し発病。運がわるいと、春には命をおとす有為《ゆうい》の教師がどれほどあったか、いまは知る人もすくなくなった。声のことばをバカにしたのがいけないのである。

教室で大ぜいのこどもを教えるには腹式発声が不可欠であることを知らずに教師に

なったのがいけない。

声楽を学ぶ人は、発声の訓練を受ける。胸式発声ではダメなのである。教師も、声で勝負する点では声楽家と違わない。腹式発声の勉強は必須だったはずで、それに気がつかなかったのは大きな過ちだったと言ってよい。

あまり重労働とも思われない学校の先生が、若くして死んでいくのを見て、一般の人はとんでもない見当ちがいのことを言った。

「学校の先生は白墨で黒板に字を書く。そのチョークを吸い込むから、肺病になる……」

なにもわからぬ一般の人たちは、これを信じた。日本中がそう思った。

学校の先生は、ハンカチで口をおおって黒板の字を書いた。それでも、先生の結核はすこしもへらなかった、というのは痛ましい話である。

学校だけでなく、社会全般に、コトバは文字中心で、声は二の次であるという考えが広く深く行きわたっている。日本文化の特質であるといってすましていられることではない。

文字を書き、文章を読むのがコトバであることははっきりしているが、あくまで、ことばの一部である。いわば小さなコトバである。それをコトバと考えるのは、誤りである。ことばの第一義的なはたらきは、話し、聴く、ものでなくてはならない。そして、話し聴くことばの方が大切であるということに気づかない。

話し、聴き、読み、書くをすべてカバーするのが、大きなコトバである。日本語は、小さなコトバにかけてはすぐれた文化を築いてきたが、大きなコトバを忘れていた。いまも、それが続いている。

「伝達」という新しい文化

日本人のことばが、読み書きに偏った、いわば小さなコトバであることを、日本人は自分で気づいたのではない。

戦後、アメリカの教育視察団が、日本の教育をしらべ、学校が文字に偏った教育をしていることを指摘した。

日本側はそれを受けて、一応、反省。話し、聴くのが、読み・書きと同じように重要であることを認めた。

ことばの教育は、話し、聴き、読み、書く四技能を同じようにすすめるのが正しいとした。それまでの読み書き中心の〝小さなコトバ〟に対して、四技能をのばす言語教育の必要を承認したのである。学習指導要領でそのことを明記した。大きなコトバを承認したのである。

新たに話し聴く教材も工夫されて、大きなコトバの教育は進むかに見えた。そう見えたのは数年で、いつのまにか、もとの〝小さなコトバ〟に逆もどりしてしまったが、そのことを指摘する声は、保守派からも進歩派からも上ることはなかった。教育者は一丸となって、学習指導要領違反をしてきたのである。

このために、日本人の知性が失ったものはきわめて大きい。日本人の知能において、音声言語は、伝統的に構造的欠陥をもちつづけて、日本人の思考を弱めているが、その害を真剣に考えるものは、ほとんどない。

小さいコトバは、文学的表現を尊重し、文章がうまいことを評価したが、大きなコトバは、話すことばのことで、意図を伝える、伝達に注目する。コミュニケイションとはすこし違うメッセージの移動が、伝達である。

デモクラシー社会では、大きなコトバの力が大きい。当然、話し方を研究、伝達効率を高める必要がある。ただ、話がうまいのとは違う。新しいレトリックが求められる。

大きなコトバでは、受け手の役割がきわめて大きいが、日本の教育で、話の聴き方を考えたことはかつてなかった。

大きなコトバを身につけるには〝耳学問〟が必要である。ところが、われわれの社会は、口さきのことばをバカにするくせがあって、人の話をじっくり聴きとることのできるのは稀有である。

そういうことを反省させるのが、伝達論で、新しい言語学、というより、むしろ新しい文化である。

人工知能が人間の知能をおびやかし始めているとき、ことばの伝達はもっとも新しい知的テーマである。

むかしむかしあるところ

おとぎ話は頭がいい

いま超高齢者になっている人たちは、こどものころに、よく〝はなし〟をきいたものである。

あまり種類は多くなかったが、たとえばウサギとカメの話（「イソップ寓話」）がよく知られていた。

ウサギが、カメに、向こうの丘のふもとまで競走しようという。カメが承知してレースが始まるが、ウサギが油断。ここらでひと休みといっていると、つい居眠り。その間、せっせと歩きつづけたカメが、勝った。

いかにも、不器用なつくり話であるが、なかなか人気があって、よく知られていた。

いかにこども向きとはいえ、ずいぶん無理なことを言ったものである。いくらノンキなカメでも、ウサギとかけっこをしようというようなことを考えるはずはない——とこどもたちは思いつかない。いくらノンキなウサギだって、かけっこをしている途中でうたたねをするなどということはありえない——そう考える力もない。ただ、油断をすると負けるということだけ覚える。

カメもどうかしている。丘のふもとまで競走して、勝てるわけがない。はじめから、そんな話には乗ってはいけないとわかっている知恵のあるカメなら海の中の小島まで競走する。ウサギも、よほどのバカでなければ、そんな話にのるわけがない。つまり、カメの不戦勝になるのである。平和である。

そういうことも考えない、ウサギとカメの寓話は、未熟な思考の産物である。

そういう話をまに受けて育ったこどもはかわいそうであったが、あとあと問題にすることはない。

かつてのこども向きの話が、みんな、このウサギとカメのようなものであったとするのはたいへんな誤解である。

〝むかし、むかし、あるところに……〟ではじまるおとぎ話には、いまの大人たちの思考をこえるところがあったかもしれない。おとぎ話はたいへん頭がいいのである。代表的なのは、モモタロウである。いまの知識人は、荒唐無稽のはなしとして問題にしないが、はなはだ不当である。心をこめて、その意味するところをたずねるのは、すくなくとも知的におもしろい。

モモタロウの真実

〝むかし、むかし、あるところに、おじいさんとおばあさんがおりました〟

モモタロウの話は、この文句で始まる。〝むかしむかし〟である。いつのことか、もちろんわからない。遠い過去のこと。また、〝あるところ〟などというところはどこにもない、あるところである。おじいさんもおばあさんも名がない。

〝おじいさんは山へ柴刈りに、おばあさんは川へ洗濯にいきました〟

〝おばあさんが、洗濯していると、大きなモモが流れてきました。おばあさんは、それをうちへもって帰りました〟

どうして、モモなんかもって帰ったのか。そんなことは、これっぽちも言っていない。

実は、ここに、たいへんな意味がこめられているのである。おばあさんは、洗濯に行ったのだが、実はモモをひろうのが目的だったのである。モモなら、おじいさん、おばあさんのうちのとなりにもなっている。川までひろいに行くことはないはず。ところが、おばあさんは、となりのモモでは気に入らない。どこから流れてきたかわからないモモがほしいのである。

なぜか。遠くから流れてきたモモの方がいいからである。どうして、と思うかもしれないが、すこしこみ入った事情があったのである。

となりのモモを迎え入れると、おもしろくないことがおこる。具体的に言うと、近所のモモさんは、不幸なこどもを生みやすい。素性の知れないモモだと、りっぱな子を生んでくれる。そういうことを老夫婦は知っていたのである。

そのまま、あからさまに言っては、さしさわりも出る。それでたとえによって伝えようとしたのである。その意味をとらえるには、教養が必要である。

モモタロウの話をこしらえた人（あるいは人たち）は、寓意ということを知っていた。バカ正直に言っては、さしさわりのあることをたとえ話で伝えようとしたのである。

もとの意味は、たとえば、こんな風であったと思われる。

そのころ、人々は、不幸な生まれつきのこどもが生まれてくるのをおそれ、悲しんでいた。そして、原因が、どうも近親結婚にあるのではないかということを発見したのである。

となりのモモをさけて、流れてくるモモを迎え入れるのは近親、同族結婚の危険をさけるためであった。

モモは女性である。さらに、おなか、のことである。女性のおなかのことをモモというのは偶然ではない。流れてきたモモから生まれるこども、モモタロウは〝気はやさしくて力もち〟の健康優良児、いずれ、英雄になる。モモタロウは祝福され歓迎される、というわけである。のちのちの、遺伝学、優生学の知見を先取りしていて、まことに目ざましい。おどろくべき発見で、世界に誇ってよい発見であったとしてもよい。

それをこどもの話にして興じたのはほほえましいが、印刷文化が、こういう高度の含蓄のあることばを殺して、わからなくしてしまったことは悲しむべきことである。

モモタロウの意味はもちろん、モモから生まれたという点にとどまるのではない。

サルとイヌ、キジを家来にし、鬼が島を征伐したというところでも深い英知がこめられているのであって、モモタロウ伝説は活字以前の文化の高さを示している。知的想像力を失った後世の人が、こどもの話にしてしまったのは、文化の退化である、と言ってもよいだろう。

「音声の古典」をどう読むか

きのう、きょうのことを伝えることばにはニュース・バリューがある。ニュース・バリューはせいぜい数日中のいのちで消えていく。

文章のことばには、ニュース・バリューはないが、意味をもっていて、すぐには消えない。おもしろい、と思う人があらわれる。

書いた人とは多少ちがった意味で、解釈するのがおもしろい、ということを発見したのが印刷文化である。そして、古くからの声の文化を忘れてしまった。

忘却の中から、おもしろい話をひろい上げたのが、おとぎ話である。多くの活字人間には、〝むかし、むかし、あるところに……〟の世界を理解することができなくなってしまった。それを考えないで、おとぎ話をつくり、年少のものに与えたのは無責任である。

すくなくとも、音声の古典はどう読むかということを考える必要がある。それを怠ってきたのは大きな文化破壊といってよい。

ことばの近景にニュースがある。

すこし古くなった中景のことばから、文学が生まれる。文学は中景の世界であるから、現代をとらえることが難しい。三十年もすると中景の世界があらわれるが、それまでにおびただしい文学が消滅する。

声の表現は、三十年はおろか、百年、二百年の関所を越えて生きのびるが、その数はごく限られる。ほとんどが、消滅、忘佚《ぼういつ》する。

おとぎ話は、その貴重な生きのこりである。おそろかにできない、大古典というわけである。

現代は、〝むかしむかしあるところ〟のことばを失っているけれども、すこしずつ、声のことばを認めようとしているらしい。やがて、むかしむかしあるところのことばがわかるようになるかもしれない。

これまで、目の想像力によって生きてきた人間が多かったように思われるが、耳の知性を加えると、おのずから、新しい世界があらわれるように思われる。

これまで、〝見聞〟と言って、視覚優先の頭のつかい方をしていたわれわれ活字人間は、ここで、半分、脱皮すれば新人類になることができるかもしれない。

〝むかし、むかし、あるところ〟というのは超古典の世界で、現代を超越できるかもしれない。そういう空想を許すのが、聴覚的イマジネイション、音声知能である。うまくすれば、キカイに負けない世界を拓くことができるかもしれない。むかし、むかし、あるところ……は、迫ってくる無機的インテリジェンスと並行して、新文化創造に力をふるうかもしれない。

耳を賢くするには

むかしむかしあるところの知見にこだわるのはおもしろくない。そこにかくれている知恵を新しく生かす知力、感性、想像力をどうしたら、身につけることができるか。

本を読むだけでは解決しない。新しい知能を身につけるのは、一般の人間にとって、容易なことではない。やはり、活字文化以前の人間の英知に学ぶことが、現実的である。

耳を賢くするには、読書だけでは充分でない。ひとりでは、耳をきたえることは不可能。近くの人間と二人でも、うまくない。二人でも多すぎる。三人集まって、やっと、〝文殊の知恵〟を出すことができる。四、五人ならもっといいが、三人集まることさえ難しいのが現実である。三人でがまんするのがせいいっぱいだが、三人寄って、あること、ないこと、しゃべり合っていると、思わぬ新しいことを掘り出すことができる。

むかし、むかし、あるところに、というのは、現代、〝三人寄れば文殊の知恵〟と変わってきているようにも思われる。

乱談から発見、新思考の生まれることを実証することができれば、むかしむかし、あるところの古典的英知にまけない知恵が得られる。

伝達の妙、まさにここにあり。

モモタロウ

おとぎ話を「第四人称」「第五人称」で読むと

離れてモノゴトを裏からながめるのが第四人称の視座である。第一―第三人称の立場からではドラマティックなところを見ることができない。およそ、はなしは、第四人称から見たところから生まれる。遠いところのはなしには第四人称が生まれ、大きくなる。

それとは別に、ひと昔、ふた昔のことは、第四人称ではとらえられない。それをはなしにするのが第五人称である。歴史的な物語は第五人称でなければつくることができない。

むかしからそうなっているのだが、近代の教育は、第四人称、第五人称を認めていないから、古い時代の説話をまっとうにとらえることができない。何となく幼稚なフィクションのように考えてきた。昔の、第四人称、第五人称は、近代文化の中で不当に誤解されて、一部がこども向きの〝おはなし〟として生き残ったにすぎない。

具体的に考えた方がわかりやすい。

〝むかし、むかし、あるところに……〟という枕ことばは、第四人称（あるところ）、第五人称（むかし、むかし）をみごとに、一口であらわしている。奇蹟的だと言ってもよい。英語でも、これに相当する文句としてOnce upon a time, there...（かつてあるときに）という決まり文句があるが、日本語の「むかし、むかし、あるところに……」の滋味には遠く及ばないように思われる。

すぐれたおとぎ話は、この枕ことばをつけている。はっきりことばになっていないときも、おとぎ話は、むかしむかしあるところに……をイントロダクションにしているように思われる。

おとぎ話として、世界的にすぐれていると思われるものが、いくつもあるのが日本であるが、もっとも、おもしろく、新しい知見を伝えているのが先にも触れたモモタロウである。

賢明なモモタロウ

「ムカシムカシ、アルトコロニ、オジイサント、オバアサンガオリマシタ……」で、モモタロウのはなしは始まる。いつのことか、どこのことか、など、一切不問。いくら老人でも、名前くらいあるだろうというのが、近代人の感覚だろうが、おとぎバナシの世界では、そんなものはむしろじゃま。仮名をつけることもなく、ただ、おじいさん、おばあさん、で放り出すのが、おとぎ話である。

オジイサンは、山へ柴刈りに。これはじゃまだから山へ追いやったのである。主役はおばあさん。川へ洗濯に行くが、それだけではない。いや、むしろ、それ以外にねらいがあってのこと。モモを拾いたい。流れてくるモモである。近所にもモモがなっているが、それは見捨て、素性のはっきりしない流れてきたモモがほしくて川へ行くのである。

となりにもモモがなっているかもしれないが問題にしない。流れもののモモは不安だがとなりのモモよりもいい、とおばあさんは信じているのである。

現代風に考えると、近親結婚のはらむ危険をさけるために、あえて、ヨソのモモを求めに出かけたことを暗示している。

かつては、近親結婚は当たり前であった。しかし、近親結婚からしばしば不幸なこどもが生まれたので、用心して、あえて、見ず知らずのモモを、迎え入れようとした知恵である。たいへんな知恵である。

おかげで、モモタロウは〝気はやさしくて力もち〟に育つ。優生学がなかった時代に遺伝ということを考えた。もちろん、メンデルの法則より前、もっとも古い優生学の知見といってよい。世界的な発見であると言ってよいだろう。日本はそれを誇りに思ってよい。

モモタロウはただ健康優良児になっただけではない。人間としてもすぐれた業績をあげた。その修業に出て、モモタロウは、サル、キジ、イヌという仲の悪いことで有名な三部族に出会い、キビダンゴを与えるという平和的方法で、これを部下にした。それまで、ケンカ、争いばかりしていた、イヌ、サル、キジは共通のリーダーのもとで力を合わせることになる。政治家としてのモモタロウも傑出していた。

モモタロウは賢明である。互いに争っていたサル、キジ、イヌが合同し、力をつけると大将のモモタロウがじゃまだと思うようにならないとも限らない。クーデタのようなことがおこってはたいへん。
鬼が島征伐という大目標をかかげて団結をつよめたのも、すぐれた知恵である。

視覚中心文化が失ったもの

おとぎ話は声ではなされるのが普通である。文字のわからないこどもがきいてわかるのがおとぎ話である。童話は文字になっている、活字になっているのが普通である。読むようになっている。こども自身が読めないときは〝読みきかせ〟が行なわれるが、話しことばのおとぎ話とははっきりした差がある。

人間の知覚にとって、聞くことの方が、読むより深い意味を伝えるのではないか、というのは、まだはっきりしたことのわからぬ問題であるが、耳が目に劣らず重要な理解をしていることは、印刷文化の中で育った人間には充分に理解されない。話より、文章の方が高級であるという根拠のない常識は、これだけ音声文化が発達した現在も消えてはいない。

聴覚知能というものを考え、視覚知能と比べた場合、教育程度の高いほど、視覚知能を重視するようで、耳は目よりも低いとされる。

入学試験なども視覚知能のテストである。聴覚型の受験生は、大きなハンディを背負わされていることを一般に考えもしないが、聴覚型の受けている不利益は小さくない。

一部の大学入試で、英語の聴き取りの試験が導入されているが、筆記試験とは違って採点の方法がしっかりしていない。

「聡明」というのは、耳の知能と目の知能を並べたものであるが、耳の「聡」を、目の「明」より先にしているのは注目すべきことで、近代文化が視覚を聴覚より上位にしているとすれば問題である。

人工知能はおそるべき勢いで進化しているが、どちらかと言えば視覚的である。無機的であると言ってよい。聴覚は、それに比べて、ずっと有機的であるように思われる。

視覚を助ける眼鏡がかなりよく働いているのに、聴力を補助する補聴器はあわれな状態である。目もたいへん複雑であるが、耳はもっと複雑、微妙な器官である。聡が明の先に立つのは正当である。印刷文化で進んできた人間が聴覚をおろそかにするのはやむを得ないが、古い時代の聴覚中心の想像力、知力といったものをバカにしてはいけないようにおもわれる。

モモタロウはかつての聴覚文化を代表する説話で、ほかの国に比べても遜色がないばかりでなく、卓越しているように思われる。視覚文化が見落としているところを、いくつもとりあげている点で世界に誇ってもよいと考えられる。教育を受けるほど、耳バカになって、想像力、創造力を失ってきたのではないかと思われる。

モモタロウは、そういうことを考えさせる。

絵そらごと

こどものウソ

うちの前の通りを小学生がふたり大声でしゃべりながら通った。前の日の日曜に、父親と釣りに出かけたという話らしい。

「大きなクジラが釣れたんだゾー」とひとりが言う。

相手が感心して、どうしてもって帰ったんだ、ときいたらしい。

「そりゃ、キミ、バケツをもっているから、それに入れてもち帰ったサ」

もう一方の子は、スゴイとかいって感心したから、おもしろかった。

本当にクジラを釣ったか、などというのは野暮である。感心してきいてくれるものがいれば、それでいい。作り話。

だれにでもできる、というわけではない。ちょっとした発明の才能がいる。でまかせの話をつくるのである。

聞いてくれるものが、おもしろがってくれると、ハズミがつく。調子に乗って、思いもかけぬことが飛び出して、話している本人が興奮する。とんでもないホラ話、夢のようなことを口ばしる。

ひとりでそんなことをするわけがない。感心してくれるものがいないといけない。きいている方でも、おもしろければいいのである。うるさい詮索などしないで、感心していればいい。そういうのが、いつもいるとは限らないから、仲のいい友だちができていると好都合である。

さきの〝クジラ〟君はそういういい聞き手をもっていたのである。聞き手の子は同じようなホラ話をいくつも聞かされているにちがいない。

〝クジラ〟君、ひょっとすると、小説を書くようになるかもしれない。それには、受け手がいないといけない。

わたし自身のニガイ経験を思い出す。

小学校へ入るかどうかというとき、数人の仲間がいた。そのころのこどもはチャンバラなどをして遊んだものだが、わたしのまわりに集まったこどもは、おもしろい話をたのしんだ。といって、本や雑誌などあるわけではなく、あっても読めない年ごろである。

みんなでお寺の山門の石段に腰をおろすと、だれかが（たいてい、きまっているのだが）ハナシをする。作り話である。

みんなをおもしろがらせる話などかんたんに出来るわけがない。おとなしい話ではいけない。びっくりするようなことをしゃべるのは容易なことではない。

わたくしはホラ話がうまかったらしい。みんなにせがまれて、即席の作り話をする。あるとき、魚を売った、という話をした。きいた仲間が感心してくれたからいい気分であった。

その土地には、海岸の内側に堀があって、養魚場になっていた。業者が、何種類かの魚を育てていた。もちろん、入って魚をとることは禁じられていたが、土地のこどもは、そこの魚をとりたいと思っていたのである。

ある日、わたくしは、その養魚場の魚を失敬した、という話をした。もちろんきいているものがおどろき、感心した。

調子に乗って、とった魚を魚屋へもっていったら十銭で売れた、というウソを言った。みんなが、感心してくれていい気分だった。

どれくらいたったかわからないが、本家のおばあさんが、うちへ来て、母を叱るという事件になった。

本家はマチで指おりの資産家だった。わが家はそんなに豊かではないが、とにかく、その分家である。その分家の子が、魚を盗んだ。それだけでなく、魚屋へ売ったというのはとんでもない不祥事である。親のしつけが悪い、とおばあさんが、分家の嫁を叱りに来たのである。

それをとなりの部屋できいていたときのことは一生、忘れない。

おもしろい話は、とんでもないトゲがある。ひとが喜ぶからといって、おもしろい作り話などするものではないということを胆に銘じた。

こどもが、おもしろい作り話をするのは原罪のようなものであると思うようになって、フィクションを敬遠するようになった。

年をとってきて、すこしものがわかりかけるようになり、こどものときのウソ、作り話はひとつの創造であると考えるようになった。

たわいもないこどもの作り話を、真に受けて、大騒ぎするのはおかしいのではないか。

人間には生まれつき、ウソをつく能力があって、ありもしないことをあるように言ったり、考えたりする。それが悪だとするならば、原罪と言ってもよいかもしれない。目くじらを立てて、こどものフィクション能力をつぶしてしまうと、それに傷ついて心に傷が生じるかもしれない。

芸術というものが、道徳とは別におもしろい文化になりうるのは、ウソ、作り話、想像の中に、常識とは違った〝真〟が存在するからではなかろうか。

そう考えると、こどもの、ホラ話、若いときのフィクションが自然であるように考えられる。ただ、ウソはとにかくよくない、という考えの人が大半を占めているために、おもしろい話が生まれにくい。律儀で、正直で、おもしろくない人たちが、大手をふって生きる世の中になる。

黒いウソ、白いウソ

Tさんは老英文学者で、人なみすぐれた文章を書く。厳父はすぐれた国文学者であったから、いろいろ教わったそうなのである。

きいてみると、一度だけことばづかいについて教えられたことがある、と言った。小学校低学年だったT少年が、正月に、おじさんのところへはがきを書いた。父親にそれを見せると、よく書けているが、書き方がよくないと言われる。

「原っぱへ遊びに行きましたが、だれもいませんでした……」

とあるところをとらえて、正月早々、こういう淋しいことを書くものではない。「みんながたのしそうに遊んでいました」と書きなおしなさい、と言われた。少年には、わけがわからない。

「ウソを書くんですか」

そうきくと、「正月早々、ひとがいなかったなどというのはよろしくない。にぎやかだったとしなさい……」

T少年は、きびしい父が、あえてウソを書け、と言うのが、わからなかった。いい年になって、やっと、ことばづかいというのは相手に合わせることで、たとえ本当のことでも、自分中心にものを言ってはいけない。それが文化というものであるということがわかったという。

ことばは相手の気持ちや立場に合わせてつかうもので、自分勝手なことを言ったり書いたりするのは、幼稚である。そういうことを一生知らずに終わる人が多いために、なくてもいい、トラブルなどがおきる。

ウソには、よくない黒いウソと、ものごとをおもしろく、楽しくする白いウソがある、ということを、知るのは貴重である。

成熟したウソの文化

よその家を訪れて、ひるどきにさしかかる。家の人が、

「なにもありませんが、お茶漬でも召し上がっていただけませんでしょうか……」

などというあいさつをする、かもしれないが、客たるもの、そんな誘いにのってはいけない。たとえ、ハラがペコペコでも、ありがたくおことわりして、帰りを急ぐのが、大人である。

そもそも、食事の時間にさしかかってよその家をおとずれる、というのが、わからずやなのである。相手にそういう心配をかけるのは、世間知らず、常識にかけるのである。

心ある人は、まちがっても、食事時にかからないようにする。

うっかりして、ひるどきなどに、よその家を訪れるときは、あらかじめ、用心しておく必要がある。

ノンキな客が、

「それはありがたいことです、ご馳走になりましょう」などと言ったら、主人側のおどろき、あわて方は大きい。支度などしていないから、大さわぎになる。

そういうことをわらったのが、落語の〝京の茶漬〟である。

そういうウソが言えるには、洗練された感覚が必要である。京都ではそういうウソが大切にされるが、素朴な地方では許されないことである。

ウソは老木のつける花である。

若木は正直でふくみがない。

白いウソは文化の花である。

ただ、野暮な誤解を受けると、黒いウソになる。

用心深い人たちは、その危険をおもんばかって、白も黒もなく、ウソはすべて不可とした大勢を支配することになる。

ウソはいけない。
本当のことを正直に言いなさい。
そういうモラルで社会は正しく動く。
まっとうな人はそう考える。

「正直」はおもしろくない

アメリカでは、もと大統領のワシントンの、こどものときのエピソードがたいへん強い影響力をもった。アメリカ人の堅実な生き方、理念の根幹にかかわるほどである。

ワシントンの父親は、サクラの木をひどく大切にしていたが、あるとき、その櫻木が折られた。父親が激怒して、だれが折ったかを追及した。

たいていのこどもなら、「知りません」と白を切るところである。

少年ワシントンは違った。

「私が折りました」

と正直に申し出たのである。なかなかできないことで、少年の知的勇気はひろく多くの人の心を打ち、たいへんな評判になり、『五〇のいい話』というベストセラーになって全米に広まった。

アメリカ社会が、堅実、誠実、正直を重視するのには、ワシントンの正直が影響しているという論者もあるようだ。

ウソをつかない。つらくとも正直なことをはっきりさせるのは、高い道徳的価値をもっている。

しかし、その反面、世の中がおもしろくなくなった、という反省も生じるのである。早い話、アメリカにすぐれた芸術が生まれにくいのは、ウソをきらい、正直をたたえる思潮がはたらいているからではないかというのは、その一例である。

これは、アメリカに限ったことではなく、ウソをにくみ、不正直を悪とみなす風土からはおもしろい文化が育ちにくい。すくなくとも、おもしろい話、おもしろい世界を創り出すには、白いウソが不可欠である。

ウソのない、ウソの許されない〝論文〟はおもしろくないにきまっている。でたらめの、ウソでかたまっているようなフィクションがおもしろいことを教えてくれる。

平和をもたらす美しい虚構

正直に、思ったことを、そのまま言っていたら、たちまち、衝突、混乱がおこる。そうなってはたいへんだから、ことばがぶつかり合っても火花を散らすことがないように考えるのが、文化である。

そこにいち早く気づいたのは外交である。立場の異なるものが、正直に、本音を吐いていれば、争い、混乱のおこるのは必定である。

外交に当たる専門家は、衝突しても、火花を散らさない修辞学を考えた。外交辞令というレトリックである。それにもっとも早く気づいたのがフランスであったから、長い間、フランス語が外交を左右していた。

いまは、フランス語中心体制が崩れ、英語レトリックが世界の外交を動かしている。フランス語に比べてレトリックとしての洗練が不足しているために、国際的問題が実際以上にササクレ立ち、混乱しやすくなっている。

国際外交に当たる人たちだけでなく、異文化、異民族との融和、親和を目ざすには、新しい、外交レトリックを身につけることが不可欠であるように思われる。

美しいウソというものが存在する。

真実は貴重であるが美しい虚構は平和をもたらす。

〝中景〟の美学

ウソの富士山

　ある夏のこと。富士五湖をバスで走っていた。あるところへ来ると、豁然《かつぜん》と富士が姿をあらわした。夏休みの小学生らしいこどもをつれたお母さんが、

「ソラッ！　富士山ヨ！」

と叫んだ。黒々とした巨大な山が迫っている。はじめて見る景色で息をのんでいると少年が叫ぶように、

「違う、あんなの富士山じゃない！」

　お母さんがあわてるようにして何か言うが少年は、断乎としている。

「違う！　あんなのウソの富士山だッ」

「いやな子ネ」

と言って母親は黙した。ほかの乗客から笑い声がもれたようだったが、わたくしは、たいへんおもしろいと思った。

この少年、実際の富士山を見るのははじめてだが、富士山を知らないわけではない、写真で見たことが何度もある。雪をいただいた遠望の麗峰《れいほう》である。ここで見える黒いかたまりとは似ても似つかない。写真の富士が本モノで、あれはウソの富士。少年の判断をまちがっているとは言いかねる。

近すぎてはいけない。遠くから見るから富士は富士になる。

富士山の美しい眺め方

先年、日本政府は富士山が世界文化遺産に登録されることを希望した。ユネスコの判定は不可だった。なぜかというと、日本側が三保の松原をふくんだ富士山を登録してほしいと申請したのに、三保の松原は何十キロもはなれている。富士山の一部とは認められない、という理由だった。

それに対して古来、富士山は三保の松原からの眺めがとくにすぐれていると考えられてきて、富士山と無縁ではないということで再度、判定を仰いだ。

それに対してユネスコが賛成し、三保の松原をふくめた富士山を世界遺産と認定したのである。デリケートな問題に柔軟な判断を下したのは、さすがである。

近景の富士でなく、中景の富士を認めたのは見識であった。文化についての理解の深さを思わせる。

一般に景観を愛でるに当たっては近景が考えられている。小風景では妥当でも、大きな対象では適当でないことがすくなくないが、一般の認めるところとなっていない。

富士山は近くで見るのではなく、はなれて眺めたとき、本当の美しさがわかる。そのことを日本人はともすれば忘れがちであるが、正しくない。

景観には、遠景、中景、近景の三つがあって、巨大な自然は、すこしはなれたところから見たときにもっとも美しい。

そういうことを、学問のなかった昔の人は、しっかり、とらえていたらしい。

遠くより眺むればこそ白妙の
　富士も富士なり筑波嶺もまた

という古歌は、中景の美をたたえているのである。ユネスコの役人もその心を解したということができる。〝遠くより〟というのは、ここで中景と言っているもので、遠景のことではない。大きな景観は、中景がいいのである。
はじめのエピソードの少年も、中景の富士によって富士を知った。近景の富士ではなかった。近すぎては、本当のよさがわからない。そういうことは風景に限ったことではない。ひろく、音もなくはたらいている原理であると言ってよい。

歴史上、偉大になる人、ならない人

従僕に英雄なし
という。世人が評価する人物も、側近のものには、そのよさが見えないから、尊敬することを知らない。近すぎるのである。
従者でなくとも、近くにいる人たちは、すぐれた人物をすぐれていると認めることが難しい。欠点ばかり洗い出して、いい気になっている。誤解されてこの世を去る人は、古来どれくらいあるかわからない。
目の前の山は高くても、山麓にいるものには、見えない。目につくのは、石ころばかり、ロクに花も見られない。あちこち見にくい赤土が顔をのぞかせている。とても尊敬する気にはなれない。英雄は英雄になることがなくこの世を去る。そして、三十年もするとかつての人物が中景の存在となり、あちこちがかすみ、消えて、まろやかになる。近景の人物が中景の人物に変ずる。なんということなしに、心ひかれるようになる。

ここから、歴史的変化がはじまる。不幸にして、それがおこらない場合、中景になりそこなったものは、遠景になることなく湮滅する。

大悪人のように言われた政治家が、三十年、四十年すると、案外、偉大だったかもしれないなどと言われ出す。それに引きかえ、近景で羽ぶりのよかったのが、声もなく消える。近景だけ見て、わかったように思うのは、小才子の思い上りである。人間の世界には中景というものがあって、歴史も、そこから生まれる。そういうことを知らなくても、優等生として大手をふることができるから、この世はたのしい。

消えた、漱石の偉業

近代日本の文化人、文学者で、もっともすぐれていたのは夏目漱石であるというのが定評になりつつあるが、もとからそうであったわけではない。イギリスへ留学した漱石は英語の教師であった。留学で勉強して英文学の学者になろうとしていたと想像される。決して偉大ではなかった。

遠縁の池田菊苗が、ドイツ留学から帰国するに際して、ロンドンの漱石を訪ねた。何をしているかと問われて漱石は、十八世紀の英文学を読んでいると答える。池田は、ドイツで新しい有機化学を開拓しようとしていたのだから、漱石の志の低いのをもの足りなく思ったのであろう。西洋人のしないことをすべきだ、とはげましたらしい。漱石は心機一転、前人未踏の文学研究を志して、勉強をはじめた。

英文学の本を片づけ、社会学と心理学の本をあつめて勉強を始めた。二十世紀になったばかりのころのことで、日本の大学で、社会学の講座のあるところはなかった。心理学の講義のできる教授もいなかった。漱石の苦難はたいへんなものであったが、学問として文学を考える方法論をほとんど確立した。世界に比を見ない大業である。

それをかかえて帰朝した漱石は東京大学の講義において、それを発表した。ラフカディオ・ハーンからこども向きの英文学を教わっていた学生に、この画期的文学論の価値のわかるわけがない。期せずして、漱石排斥運動がおこる。のち漱石門下になる森田草平などもそのお先棒をかついでいたらしい。

漱石の「文学論」は、外から文学に迫るもので、その先鋒が社会学と心理学だった。明治の学生にわかるわけがない。漱石は、自信を失って、教職をすてることになり、日本英文学は夢のようになってしまった。

それから二十余年後、一九二〇年代になって、イギリスはケンブリッジ大学の学者、I・A・リチャーズが、新文学研究の理論を発表、世界をおどろかせることになる。リチャーズの方法は、心理学と生理学から文学に迫るというもので、期せずして、漱石の、心理学・社会学の援用に通じるところがある。漱石は俗衆につぶされたが、リチャーズには小なりといえども支持するケンブリッジ学派があって世界的になることができた。

イギリスは漱石のことをまったく知らない。日本はイギリスのことを知らないから、漱石のこともわからない。漱石の偉業はずっと眠っているのである。

リチャーズの弟子、ウィリアム・エンプソンが若くして東京の大学で教えたが、漱石を受け入れられなかった日本にとって、ケンブリッジ学派を受け入れる余地がない。

アメリカも、似たりよったりで、イギリスの文学研究に関心を示すようになるのは、戦後のことである。アメリカの南部、おくれた大学が、リチャーズやエンプソンに学び、ニュー・クリティシズムをおこした。

リチャーズを解することのできなかった日本が、アメリカ産の〝ニュー・クリティシズム〟に夢中になった。リチャーズの難解な英文がよく読めない学生までが、〝ニュー・クリ〟を合言葉のようにしたのはおもしろかった。日本ではまったく不毛で、いまどきニュー・クリティシズムを口にするものもない。

夏目漱石の「文学論」は、近景として、否定されたのである。中景を迎える前に消えたも同然になった。

「中景」の美学

イギリスのI・A・リチャーズの文芸批評論も、近景として、イギリスではうまく受容されたとは言いがたかった。アメリカへ渡って、中景の業績として、高く評価され、新しい文学運動をおこすまでになった。本質的に変化したわけではない。近くにあったときには見えなかったものが、はなれて見るとはっきりしたのである。

富士の山麓で頂上を仰いでも見えないものが三保の松原まで離れて見ると、はっきり見えるのと、リチャーズの文学論にも似たところがある。日本の漱石の大業は、その中景の機を与えられないままに沈んだ例である。中景が美しく、すぐれているのである。いまでは遅すぎる。

歴史は、一般に、過去の忠実な記録のように考えられているが、違っているように思われる。

過去のある時点の近景を反映しているのではなく、すこし古く、遠くなった中景の記録である。近景より中景の方が、正確であるか、不正確であるか、の問題ではなく、中景の過去の方が、もとの過去より、〝おもしろい〟からである。歴史は、もとの過去そのままを反映するのではなく、三十年、五十年の過去を反映しているのである。歴史には、中景の美学がしっかりはたらいている。

われわれは、もっと、中景の美学を深化させる必要がある。

第二章　伝達のスタイル

耳で考える

一生忘れない話

昔、というほどではないが、戦前、貧しい片田舎で育った。

小学三年生のときである。

ある日、校庭に整列させられた。えらい先生のハナシをきくのだという。何のことかわからないが、おもしろくなかった。

中年のおじさんが、吹きざらしの台の上に立って、開口一番、

「モモタロウのはなし、知っていますか」

ときく（バカにしてはいかん、それくらい、知らないでどうする！　と思った）。

おじさんは、ことばをついで、

「どうして、モモタロウはえらかったのか、知っていますか」

と言った（そんなこと言われてもこまる。知っていればいいじゃないか！　なぜ、などは考えたこともない）。

「モモタロウがえらかったわけをお話ししましょう……」

ほかのこどもはどうか知らないが、わたくしは、一生、忘れることのできないことをきいた。モモタロウがそういうわけでえらかったのか、ということよりも、知っているつもりのことに、別の意味がある、のだということを教わった。考える、ということを、なんとなく知ったように思い、やはり、一生、八十年のあいだ、影響を受けた。


それよりも、耳できくことに、おもしろいことがあるということを知るきっかけになったのは、いくら感謝してもしきれないほどである。

寒風に吹かれてモモタロウの話をしたのは、のちに大蔵大臣になった小笠原三九郎さんであった。東京の学生になってからも、ときどき、お会いした。学生をあつめて、雑談するのを楽しみとされたらしい。珍しい、しかし、すばらしい政治家だった。雑談を大事にされたところは日本人ばなれしていた。若いころアメリカで苦学されたというから、知的会話のおもしろさを知っておられたのであろう。

日本人の外国語習得がうまくいかない理由

日本の教育は、文字の読み書きしか考えない。書くのはいい加減で、もっぱら、読むことを教えた。ことばの話し方、聴き方については、まったくなにも教わらない。だいいち、先生が、話し方を知らない、まして、聴き方など夢にも考えたことがない。それでりっぱな先生であった。

戦争に敗けて、アメリカから乗り込んできた人たちがおどろいた。読むことしか教えないのは欠陥教育である。ことばの教育は、話し、聴く、読み、書くの〝四技能〟を並行的にのばすことを目的にせよ、と命じたらしい。学習指導要領というものができて、四技能教育をすることになった。

何でもアメリカの言うことにはしたがった日本だが、この言語の四技能習得には服しなかった。はじめは、すこし、話し方、聴き方の教育を試みたが、やがて〝忘れ〟てしまった。国語だけでなく、英語でもスピーキングやヒアリングを本気になって教えた学校はない。法令違反だが、みんなですればコワクナイ。

話し聴くのをバカにするのは、古来のことで、アメリカなどにこと新しく教えられることもなかったのである。中国大陸のことばを学んだ大昔、教えたのは文字と意味である。発音は勝手な読み方で、話すことははじめから、無視。生涯、中国の古典を勉強した大儒者も、中国人と会話することはなかった。それをおかしいと考える人もあったに違いないが、中国語会話を教えるところはなかった。

日本漢文学は、それでも、かなりの深みをもつことができた。

明治になって欧米、ことに英語を学ぶことになったとき、ことばの専門家がほとんど儒者であったこともあって、沈黙の言語を学ぶことになったのは是非もない。目で学ぶのである。発音などどうでもよい。sometimesをソメチメス、neighborをネギボールと発音した。のちに、さすがに、反省がおこり、サムタイムズ、ネイバーと発音するようになり、ソメチィメス、ネギボールを変則英語、サムタイムズ、ネイバーを正則英語というようになったが、話し、聴くことばへの関心が高まったのではない。ことばは読めればいい、と信じるのが日本風である。外国語の習得がうまくいかないのは当たり前である。

視覚重視の大学教育

学校には教科書がある。沈黙のことばでもなんとかできる。

大学には、もともと、教科書がない。教授者の講義で教育が行なわれる。手ぶらで教室へ現われ、即座に講義のできるほどの学者がそうそういるわけではない。教授は講義案を書いて教室にのぞむ。それを一節、一節、読んでいくのである。そういう原稿を書くのは、生やさしいことではない。間に合わなくなると、休講になる。「本日休講」という掲示が出る。学生は喜んで、群れて遊びに出かけたりする。月に何度も当日休講をする教授もいたが、悪く言う人はなく、良心的学者のように見なされた。世を欺くことであったが、大学の特権を批判するものはなかった。

学生は、教授の読み上げるのを一々、ノートに書き写す。先生は、それに合わせてゆっくり読むのだから、講義案はそれほど長くなる必要はなくて好都合であった。

書きとるためにとくべつのノートがあって、大学ノートと呼ばれた。横書きで罫線が入っている。国文学の講義ノートでも、横書きであったらしいが、おかしいと言う人もなくてずっと続いた。

前にも書いたことだが、横書きのノートをとるようになると、学生の書く字が、きたなく乱れる。判読に苦しむようなノートでも、試験になると唯一の手がかり、怠け学生は、友人からノートを借りた。

ある、法科の学生が、遠縁の法学部教授に、ノートのとり方を教えてもらいに行ったが、先生はなるべくノートを取らずに、よく講義をきいていなさいと教えた。不安に思いつつも、実行して、好成績をおさめた――というのがエピソードになるくらい、文字信仰がつよかった。というのは戦前のことで、戦後は、講義の草稿をつくる力のある教師がすくなくなって、大学ノートの出番もすくなくなる。

しかし、規則では講義何単位を必要としている。困った教師がズルイことを考えた。講義演習という単位をこしらえたのである、講義はしない。外国の研究書を読むのである。これなら外国語の学習であるが、講義演習という看板にした。演習には二単位しか与えられないが、講義は四単位である。講義をまったくしない講義演習にも四単位を与えた。世をいつわることで、大いに恥ずべきであるのに、戦後の大学でそれをしなかったところは、もしあったとしても、例外的である。

文字中心の学習で好成績をあげるのは、多く視覚型の人間で、記憶力が強い。言いかえると、視覚的記憶力が弱くては、優等生になれない。聴覚型の人間は、芸能人としてのびることができても知的活動には適しない、というおかしなことがまかり通っている。このような教育は世界に類がすくないのではないかと思われる。

「耳のコトバ」をおろそかにする日本人

バンク（bank）を銀行、カンパニー（company）を会社、といった名訳をつくった明治日本が、スピーチ（speech）の訳語にひどく苦労したのは語り草になっているが、やはり、日本文化が耳をおろそかにしたせいである。スピーチを「演説」としたのは苦心の作であるが、日本人が口下手であるのは、演説が下手なためではなく、声のことばを大事にしない文化のせいである。

もっとも、話のうまいはずの政治家でも、スピーチの上手な人は例外的である。そして、話がうまくなるのが政治家としての成長につながると考える人は皆無と言ってよい。

イギリスの名宰相といわれたサッチャー女史は、中堅議員であったとき、言語の専門家から肉声が半オクターブ高いといわれ、苦労して、下げることに成功したが、それとともに政治家としての力量を上げたことを自伝でのべている（はじめにあげた小笠原三九郎氏は日本において珍しいスピーカーであったと思われる)。

せっかくりっぱな大学をこしらえているのに、日本人の信者はあまり、ふえない。そういって、ローマ教皇庁は不満をもらしているという。

それは大学側の努力不足ではなく、日本人の感性の問題である。日本人の多くは外国の宗教を、文字を通じて知るのである。神のことを耳で知ることができない。

日本では昔から、目で宗教を受け入れた。もちろん、説経というものはあるが、法話をきいて回心というようなことはすくない。僧侶はわけのわからぬお経を棒読みにしているだけ。ありがたいと言って涙を流す老人が、かつては、あったらしいが、いまは夢のようになってしまった。

読経のうまい僧侶はあるけれども、法話で心を動かす力をもった人は、ほとんどないと言っても過言ではない。もっと耳のことばを磨かないと宗教が危ない。

そこへ行くと、政治を志す人たち、政治家は進んでいる。話がうまい。ことに、女性の政治家が目ざましい。知事や市長といったポストが、つぎつぎ女性によって占められているのは偶然ではない。男性の政治家もぼんやりしていないで人の心をうごかすことばの勉強してもらわないと、明るい未来はないのではないか。

人工知能に負けない「耳のことば」

現代は、もうひとつ、大問題をかかえている。人工知能の進化である。人類は、人工知能と競争すれば、負けるのではないか。多くの知識人がひそかに心配している。早々と敗北を認めて、人員整理を公表した業界もあり、その勢いはこれからいよいよ強まると予想される。

対策など考えているゆとりはないが、文系の教育を受けた人間で、人工知能にやられない方法を考えると、耳のことばが浮上する。文字、数字の処理において、当面、人工知能とわたり合える力をもつことは不可能に近いが、音声言語では、キカイに負けないことができる。

もともと、人間の知能は耳が先行する。聡明という文字は、耳の知能（聡）を目の知能（明）の上位にしているのは、それ自体、すぐれた知能である。人工知能はおそるべき力をもっているようだが、当分は耳の世界に侵入して来ることはないように思われる。

もうひとつ、目は、〝おもしろいこと〟を見つけることが上手でないが、耳は、おもしろいことに敏感である。

キカイのことばより、耳のことばの方が、おもしろい、ということがこれから、だんだん、わかってくるだろう。耳のことばは、強い。

文殊の知恵

〝ひとつでは多すぎる〟

いいことは自分ひとりでする。みんなと一緒では、ロクなことはできない。だれから教わったわけでもないが、若いときからそんな風に思っていた。個人主義である。

あるとき、〝ひとつでは多すぎる〟（One is too many）というコトバを知った。アメリカのことわざだという。

アメリカを敵にして戦争をした人間だからアメリカへの偏見が強い。アメリカ人はロクなことを考えないときめつけていたから、〝ひとつでは多すぎる〟というのにおどろき、頭からバカにしていた愚を思い知らされた。

大事なものはひとつではいけない。ひとつだと、それがダメだと全滅になる。いざというときにも代わりがあれば心強い。どうやら、恋愛のことを考えているらしく、恋人がひとりではいけない。万一、失われたら、かけがえがなくなる。そう考えると、うまくいかない。代わりがあれば、しっかりした判断力を失うこともすくない……。すこし、ひっかかる、ところもあるが、現実的な知恵である。〝ひとつでは多すぎる〟――なるほどと思った。

日本の知的個人孤立主義

日本人は個人中心にものを考える。生活ではみんなで、いっしょに、と考えているが、ものを考えるには、他人をまじえない。ひとりで悩み、ひとりで苦しみ、ひとりで考える。禅寺で坐禅を組むのがすばらしいことのように思っている。

学問を志すものは北向きの書斎をつくってひとり思索に没頭するのを理想のように考える。うたた寝してヨダレを流すかもしれないことは想定しない。昔の学問をからかって、〝田舎の学問より京の昼寝〟ということわざができたが、書斎派、その亜流はその意味をとりそこねて、このことわざ自体がわからなくなってしまった。

こういう知的風土のために、われわれはどれほど多くのものを失ったかしれない。なんでも〝専門〟がいいときめてしまう。純粋でなくてはダメだと思い込んでいるから、「清水《セイスイ》に魚棲《す》まず」でわけがわからなくなる。

日本は何でも外国の真似をしてきたが、この知的個人孤立主義は大昔から日本にあった。孤高が尊重されるのは自然であるが、大きな発見、発明する力を失ってしまった。書斎にこもる学問、研究室に立てこもる学者、実験室にいて国が戦争をしていることも知らなかったのが、美談として語り伝えられていたのは、不幸であった。

学者、研究者、思想家は、孤立主義信仰をすてないといけないが、それを反省する力が欠けていたように思われる。

弁証法はむずかしい

ひとつでは多すぎる人間の世界で、二つは基本である。ひとりでは人間として充分ではない。二人になって人間らしくなる。

ことばにしても、ひとりだけで、ひとりごとを言っているのは正常ではない。相手がいて、二人で話し合うのが基本である。

ところが、どうも、この二というのが、難しい。一の二倍といかない。ぶつかり合いつぶし合って、ゼロになることがすくなくない。不毛の〝二〟は人間の悩みである。AとBとが相対するとケンカになり、つぶし合いになることが多いのに鑑みて、それを避ける方法を考えた。

正と反とが衝突するとき、互いにつぶし合うのでなく、両者を和合して第三の論理をつくるのである。正と反が、それぞれの立場をすてて、合同をつくる。そこで、正反合の弁証法が成立する。すばらしい発見であるが、ケンカ好きな人間は、弁証法を生かすことが下手である。弁証法文化はなかなか進まず、競争というケンカをしているのが人間である。単独主義が不毛になりやすいのとは違って、弁証法は悪しき競争に流れることが多く、文化創造の原理になることもすくない。人類にとって大きな不幸である。

弁証法が生きる社会が実現すれば、世界は平和繁栄を実現できるはず。未来の希望のひとつである。

三人寄れば文殊の知恵

ひとりでは多すぎる。二人だと悪い競争に走りやすい。困った人間であるが、三人になると、おもしろくなる。新しいことを生み出す。おもしろいことを見つけることができるのである。

具体的な事例がある。私事ながらあえて披露することにする。

学校を出て最初につとめたのは、国立大学の附属中学校である。小さいながら夢をいだいて教師を始めておどろいた。まったくおもしろくない。そのくせ、いやなことばかりおこる。おまけに、生徒がすこしも、こどもらしくない、親の社会的地位などをカサにきて、教師をバカにする。

早々とやめることを考える。いくら何でもすぐやめるのは、はばかられるが、がまんするのは楽ではない。半分、幽霊のようであった。

ある日、授業を終えたあと、すぐ職員室へもどる気になれず、渡り廊下の出入口でボンヤリ空をナガメていると、国文科ながら同期の友人が声をかけてくれた。困っていると正直にはなすと、彼は、それには答えず、越境勉強をしようと言った。もちろん一も二もなく賛成。二人ではすくない。もうひとり加えようと、中国文学の同僚に声をかけて、勉強会を始めた。

月一回、日曜に、各人のうちをもちまわりの会場にして集まり、ひるは出前のすしをとって、夕方まで、勝手なこと、勉強のはなしをするとりきめにした。

やってみると、これがすこぶるおもしろい。予想外である。とても夕方でお開きとはいかず、夕食をとって終電が気になるまで三人でしゃべりまくる。目のさめるような気持ちになって、私は、早々に退職した。

和漢洋の三学の雑談であるが、おとなしく「三人会」という名をつけて楽しんだ。この会が三十年以上つづいた。三人の勤め先が、東京、金沢、広島と散り散りになってからも、三人会はつづいた。東京から離れているのが東京へ出てくると、ほかのものは万障くり合わせて、東京のホテルに集まり、夜を徹してしゃべるのである。めいめい、三人会で人間が変わったと感じていたらしい。

それぞれの分野で、ひとのやらない仕事をしたと思った。

いつだったか、「三人寄れば文殊の知恵」ということばと思い合わせて、三人会のたのしさを回顧したことがある。まったく不思議。

どうも、めいめいの専門が違う必要があるらしい。同学のものの話は、とかく、慎重になりやすく、思いつきなど口にするのははばかられるが、鵜の中の烏、と思えば、多少、危ないことも口に出せ、それが、おもしろい。

そういう放言が、あとから考えると、新しい考えであった、ということが、何度もあって、三人寄れば……と思った。

世界に誇る日本の座談会文化

はっきりした目的もなく、畑ちがいの人たちが親しく話し合うのがおもしろいということをはっきりさせたのは「文藝春秋」の菊池寛である。今でもはっきり言わないが、雑誌などに座談会記事をのせるのは菊池寛の発明である。ことごとに欧米のまねばかりしてきた日本において目ざましいことであるが、いまだに、それを認めようとしないのはむしろおかしいくらいである。

せっかくの独創であるのに、下手に真似るところが続出したために、力を失ってきたのはいかにも惜しい。

座談会記事は、よみやすい、声が伝わってくる、新しいアイディアがとび交う。二人の間で弁証法がはたらくとすれば、座談会ではヒューマーがただよう。知的おもしろさに必ずしもつよくない日本文化において、座談会は世界的な意義をもっている。外国が知らん顔をしているのなら、日本人の間で、座談会文化を育てていくことを考えたい。俳句では、ようやく一部の識者の目をひきつつあるが、座談会文化のおもしろさは、短詩型文化に劣るものではない。

かつて、井戸端会議というのが栄えた国である。和と笑いの文化をリードすることを考えてもよいだろう。

おしゃべりは、議論などとは違い、あたたかい知的なおもしろさを生むことができ、その点で人工知能とは別の興味を創出することができるように思われる。

イギリスの知的クラブ

ヨーロッパで、おしゃべりのおもしろさ、創造性にいちはやく目ざめたのはイギリスである。

十八世紀のロンドンで新しく輸入されたコーヒーが大人気となり、喫茶店がおびただしくできた。客はそこで、新聞を読み時事を論じ、文芸の話をした。クラブである。クラブを支えたのは会話、おしゃべりである。

そのうちに、知的クラブが独立した。

もっとも有名なのはルーナー・ソサエティ（Lunar Society）である。毎月、満月の夜、遠くの人は馬に乗ってやってきた。

中心人物は、エラズマス・ダーウィン。大医である。進化論で知られるチャールズ・ダーウィンの祖父。国王から侍医に、と言われたのに、「患者がひとりでは退屈でいけない」と言って断わったというエピソードをもった大家である。

集まるものは、みな専門の仕事が違っていたというのが大事な点である。

ジェイムズ・ワットがいた。酸素を発見したプリーストリという学者もいた。ガス灯を発明したマードックもメンバーで、産業革命の原動力となった多くの発明、発見がこの十名足らずのクラブから生まれたのはおどろくべきことである。

ルーナー・ソサエティのメンバー、ひとりひとりが秀れていたのは言うまでもないが、クラブで談笑して、世界の産業革命の原動力になったのは、メンバーのめいめいが個性をもちながら知的な談話をしたからである。

個人知能というものがあるとすれば、ルーナー・ソサエティの思考は、集合知能、コレクティヴ・インテリジェンスと言ってよいだろう。さらに、〝三人寄れば文殊の知恵〟とひびき合うものをもっている。

日本人は、こういう問題に弱く、クラブ的思考は、発達がおくれているが、〝文殊の知恵〟には気づいているのである。コレクティヴ・インテリジェンスを伸ばすことを考えなくてはならない。

勉強と言えば、ひとりで本を読むことだと考えるのは古いのである。いろいろな力をもった人たちが、〝われ〟を忘れて、談笑、議論する間にコレクティヴ・インテリジェンスが大きくなる。多くの人が、勉強にいくらか退屈しているのはおくれているのである。

人工知能に対抗する〝文殊の知恵〟

〝文殊の知恵〟で、人工知能に対抗する、というのではないが、おもしろい、新しいことを見つける、その点でクラブ的談話は、人知の最高レベルに達することができるようにおもわれる。

ただし、難点がある。専門至上主義の社会では、特異な能力をもった人を二人なら、ともかく、三人、三人以上集めるのはたいへん難しいことで、偶然の幸運を祈るほかはない。

ことばを変えれば、触媒能力をもった人がほしいということである。

AとBとは、そのままでは化合しないが、Cという触媒があれば化合して新しい物質をつくり出すことができる。その力をもったものが見つからないのが実際であるが、心がければ見つけることも不可能ではない。

人工知能の目ざましい進化が人々に恐怖を与えているが、人工知能は物理的知能である。

〝文殊の知恵〟を生むのは化学的知能ともいうべきものである。

個人では化学的思考は困難であるが、クラブでは、それほど難しくないように思われる。〝文殊の知恵〟を見なおす必要がある。

ことばのスタイル

「スタイルの研究」

戦後間もないころのことである。

早稲田大学で、ある文学部の学生が卒業論文として「スタイルの研究」というのを提出した。事務の女子職員がそのタイトルを見て吹き出した。提出した学生はのちに同大学の教授になる人だが、卒業論文を笑われたと思い、ひどく傷ついたそうである。

職員は、スタイルということばを知っていた。知っていると思っていた。服飾、ファッションのことだと思っていたのである。若い男性が、ファッションなどを論文にするというのが、意外で、びっくり、つい笑ったのである。

そのころ、スタイルというのは服装、服飾のことばときまっていた。文章にスタイルがあるということを知っているのは文学部でも限られていた。文章にもスタイルがあるというのは一般の知るところではなかったのである。

「文は人なり」（ビュフォン）ということばは、すでにかなり知られていたが、この「文」が、原語ではスタイルであることを知る人はそれほど多くなかった。

文字のスタイル

昔、といってもそんなに古いことではない。戦前、小学校で教えたことで今より進んでいたことがある。文字の書き方である。

授業に書き方の時間があった。書くといっても、文章を書くのではない。毛筆で文字を書くのである。文章を書くのは、書き方とはいわない。綴り方である。習字、書き方の時間は時間割に出ているが、綴り方の時間、授業はない。ときどき、宿題が出る。担任の先生がそれを見て判をおしてくれる。綴り方の授業を受けたことはなかった。

もっぱら筆で字をかくのである。読み、書き、算盤《そろばん》といったが、書くのは文章ではなく筆で字を書くのであった。

そのころの小学校の先生はみな美しい字を書いた。どの先生も、同じスタイルである。どの先生も、と言ったが、すべての先生ではない、正式な教員養成の師範学校を出た、当時のことばで言えば、本科正教員である。北海道、青森から鹿児島まで、全国の小学校で、正教員は同じスタイルの字を書いた。

黒板にチョークで書く字を見れば、正教員かどうかわかる。どこの小学校でも同じスタイルの字を書いた。大学を出て代用教員になった人は、黒板にくずした字を書くからこどもたちにバカにされやすい。

小学一年生の教室で、書き方の時間になると、先生がとてつもなく大きな筆をもってきて、たっぷり水をふくませて、ノメクタなどと書く。実にみごとである。この世に美しいものがある、ということを、まず、先生の書く字で覚えた。うちのお父さんより先生はえらい、と思い込むこどもが多かった。

本科正教員になるには五年間の師範学校を経なくてはならなかったが、書道は最重要科目のひとつ。

その「手本」は文部省でこしらえたもので、全国共通であるから、先生の黒板の文字を見れば、代用教員かどうかは一目でわかった。書家と言ってよい先生は田舎の小学校にもいた。

そのおかげで、こどもたちも、文字のスタイル、書体に関心をもった。〝うまい〟〝いい字を書く〟とはいったが、〝書体〟ということばは使われなかった。しかし、ことばのスタイルとしてもっとも早く確立したのは書体で、文章のスタイルである文体より、ひろく認められた。ただ、書体ということばは広まらないで終わった。

文章のスタイル、文体は、ずっとおくれてあらわれたので、スタイルということばへの誤解はながくつづかなくてはならなかった。

文体論の論文を書く人は少数ながらあらわれているが、スタイルという問題は一般に興味をもたれることがすくない。

「スピーチ」は訳せない

明治の日本は、先進外国の文物を片っ端から真似た。のちの流儀と違って、横文字を片っ端から漢字訳にした。そのころの英学者は漢字の素養が深く、おどろくような名訳がおびただしく生まれた。

たとえば、バンク（bank）を「銀行」としたようなのは、銀座の銀と、外国人商店の意味の洋行の行と結びつけてまことに妙である。漢字の本家の中国もこれを借用したほど。こういう漢字訳の英語で中国へ渡ったものが、友人の漢学者の調べたところ、七百をゆうに超えるという。

そういう明治の日本でも、ことばの訳語には苦心したらしい。英語の Speech がうまく訳せない。苦心の結果、「演説」という訳語が生まれたが、スピーチと演説は異なるもので、演説でないスピーチには訳語がない。

日本には、スピーチという文化がなかったからで、苦しまぎれに、演説としたものの、スピーチは日本ではついに育たなかったようである。現在でも、スピーチのできる、スピーチのうまい人はごく限られている。

アメリカで演説上手の大統領があるとき、〝三分間でいい、スピーチをしてほしい〟とたのまれた。大統領が答えていわく、

「二時間の講演なら今すぐでも始められるが、三分の話では、すくなくとも一晩、考えないと……」

スピーチ、ことに短いスピーチはそれくらい難しい。

何でも外国の真似をした近代日本もスピーチを真似ることができなかった。戦後に

なって、ホテルで結婚式をあげるのが流行した。そういう披露宴には、スピーチが必要だというので、何人かの客にスピーチをさせた。

そんなことになれていない来賓は「ちょっと一こと」といわれて、安受けあいをする。とりとめないことをあれこれただのべるが、止めどがない。〝最後に申し上げたい〟ことがあとからあとから出てきて果てしがない。

厨房のコックたちがだまっていない。

「スピーチとスカートは短ければ短いほどいい」ひとりがそういうと、コック長が、「どちらもなけりゃ、もっといい」と言って、しめくくった、というジョークが広まった。

話しことばにも〝話体〟がある

文章に文体があるように、話すことばには各人各様の〝話体〟があるというわけだが、英語社会でも、話体が問題になることはすくない。まして、スピーチを半ばバカにしている日本である。話体など考えるのは変人であるとしてよい。

しかし、人とつき合うには、ことばを交わさないではいられない。そのことばは話すことばである。談話の話体は文体よりも重要であると考えるのが自然だが、文字、文章を重んじてきた日本である。話すことばをおろそかにする。話体について考えないのは是非もない。

すこしこみ入った話をしていると、いつしか感情的になり、へたをするとケンカ腰の言い合いになるのが、珍しくないが、話体が育っていないからである。

話体に対して、文体に対するのの半分の神経を使う人がふえれば、世の中が、より平和に動いていくのは明らかである。

外交官は、一般の人に比べて、話体に関心が高いようで、外交辞令、などと悪く言われるが、難しい問題を話し合う席でうまく解決する点で、外交官は進んでいると言ってよい。

「お上ことば」というスタイル

ことばはゆっくり平準化の過程をたどっているように思われる。目上のものが目下のものに命令するようなことばづかいは嫌われる傾向にある。

かつては、

「この土手に登るべからず　警視庁」

であったが、反発するものはすくなかった。一般人が、このことばづかいに抵抗するようになると、

「この土手に登らないでください」

と軟化した。これでは威厳が保てないというので、

「立ち入り無用」

といったおかしな禁制が出たが、やがて、こういう注意そのものが、市民に対して不当であると考えられるようになったのか、近ごろ、この種の制札はほとんど姿を消した。

学校なども、受け手がていねいに扱われるようになり、命令的の指示がなくなり、

○時○分までに集合すべし

などとするのは古い。

○時○分までに集合のコト

という語法を考え出し、ついで、

○時○分に集合しましょう

と軟化した。

「集合しませんか」という告知板を出す学校が一部にあるというが、おそらく作り話であろう。「○○に集合」というのがもっとも新しい形かもしれない。

これまでのコミュニケイション論は、送り手のことしか問題にしなかった。不備である。受け手に対する顧慮が必要である。受け手のことなどあまり考えない官庁は、いつまでも〝お上〟ことばをすてきれない。

それでも、受け手のことを考えるところがあらわれた。そんなに古いことではない。○○殿としてきた郵便などの宛名書きを「○○様」と変更したのは、地方の役所の方が早かった。

敬語というスタイル

商売をする人は、お客が大事だから、もともと受け手、お客を大切にした。ていねいなことばづかい、敬語を多用した。相手を立てるのは、商業だけではなく、日本文化の特色であるとしてもよい。

むき出しのことばは、失礼であるから、敬語でつつむ。ていねいを心がけると、一重のつつみでは不充分となって、幾重にもつつむのが床しいとなる。

受け手を大切にするから、送り手は、あからさまなことはしない。ていねいにことばで包んで、本音をかくすのが礼儀になる。

自然、あいまいになる。むき出しにものを言えば、わかりやすくはあるが、失礼になるおそれがある。そう感じる人の多いところで敬語表現が発達する。その点で、日本は欧米諸国よりすぐれている。あいまいだと言われて恥じることはない。敬意のあらわれであり、好意を示す手段である。前にも書いたが、尊敬していない人に敬語を使いたくない、というのは、文化を解しないものの言うことである。

英語などで、

「グッド・モーニング・ビル」

「グッド・モーニング・ジャック」

といったあいさつを聞くと、敬語の心をもつ人は、あらわに過ぎる感じを受ける。すくなくとも、「ビル」「ジャック」などの呼びかけのことばを落としたくなる。あらわになることを避けようとする。

あいまいな表現になるが、それを怖れない。

受け答えのスタイルが婉曲、微妙に向かうのは是非もない。はっきりしたモノ言いをすれば面倒がおこりやすい。そういうときにことばをやわらかくすれば、平和になる。そういうように考える人たちの間で、受け取りのスタイルは洗練される。日本はその長い歴史をもっていたことを恥じることはない。

「読み」のスタイル

本を読むのも受け手である。

それなのに、読者はみずからの受容のスタイルをもたない。著者、筆者と完全に一体化することを理想とするが、そんなことのできるわけがない。

いくらかでも読者としてのスタイルをもっていれば、読者が作者、筆者を完全に理解することはできないはずである。誤解誤読は必然的である。一人前の読者は、みずからの読みのスタイルをもっていなくてはならない。できればみずからの読みのスタイルがどういうものかを自覚していたい。

そういうことを考えない読者にとって読書は、知識習得には役立っても、人間としての知性を高めることは困難である。心ある読者は、創造的理解をもつことによって文化を生むことができる。モノマネに終わる読書、学習は、スタイルを欠いた受容から生まれる。

日本人は謙虚である。悪しき自己主張をきらうところがある。新しい価値を生むには、創造的読解が有力な手がかりになる。

受け手のスタイルがほとんど顧慮されていない社会で、受容のスタイルを確立する意義は小さくない。

ワレ読解ス、故ニワレアリ?

立つか寝るか

公文書「横書き」令

「横書き、横読みがいいにきまっているさ。目をごらん、ヨコにならんでいる。横書き、横読みを前提としているんだから……」

日本語の横書き是非を論じているおしゃべり会で、さきのようなことを言ったのは英語の教師である。彼にはよく読まれた英文法の著書があるから、一笑に付するわけにもいかない。日本語を英語と同列に考えるのがおかしいと思わない人もいたようである。

そのころ、昭和二十七年だったと思うが、国が、公文書は横書きにすべし、という、内閣訓令とかいうものを公布して、一般をおどろかせた。

変更の理由は事務の簡素化であった。実のところは、タテ書きだと、タイプライターで打ち出すのが面倒。英文用のタイプを使うには、横書きがよい。そういう理由だったらしいから、ヒトをバカにしている。それ以上にコトバをバカにしている。戦争に負けて、何ごとにも自信を失っていたそのころの国民が、おとなしく承ったのは、しかたがない。

日ごろなにごとも〝お上〟のやることに文句をつける新聞が、ほとんど反論を示さなかった。横組みの新聞が出るのだろうかと思った読者もいたかもしれなかったが、新聞社は賢かった。

横組みの新聞を発行したりすれば、読者が激減するであろうことを知っていた。雑誌も、言うことをきかなかった。お役所が横書きを公用としても、それにならうマスコミはなかった。

役人はモノを知らないから、事務の効率化には横書きがいいというような、根拠のない理屈を真に受けて、立っているものを、ムリヤリ寝させるという暴行を涼しい顔をしてやってのけたのである。商売のことを考えたら、その尻馬にのることはない。マスコミは、横書き、横読みに臆病で、以来、七十年、変わることがない。

印刷関係の人がおとなしく言うことを聞いたのは、改変の趣旨に賛成したわけではない。日本の印刷活字は、すべて全角。つまり、正方形である。タテ組みに用いていた活字はそのまま、横にならべることができる。

アルファベットの活字は一本一本、幅がちがう。mは全角、nはその半分、iは四分の一である。急に、タテに組もうと思っても組むことができない。そんなバカげたことを考える人間は、かつて、なかった。これからも出ないにきまっている（おもしろい、というか、おかしいのは、国が発行する官報が、横組み指令が出たあと、今日まで、タテ組みであること。ひょっとすると、官報は公文書でないのかもしれないが、一般の国民は、そういう高級なことはわからないから、安全である）。

日本語はタテ書き用にできている

何と言おうと勝手なようなものだが、日本語は立っていなくてはならない。もともと、そうなっているのである。

文字を読むのは、視線と直角に交叉する線を手がかりにしている。

一、二、三

を横にならべることはできない。並べたら見づらくてしかたがない。それは、ヨーロッパのことばでも同じ。I,II,IIIを、横に並べるのと同じである。頓狂なプリンターでも、これをI、II、IIIとタテにならべることはしない。

つまり、横書き、横読みのことばでは、タテ線がいのちである。日と月、鳥と烏などは横線一本で区別される（この点ではアルファベットも同じ原理にもとづいて、視線に直角に交わる線で、文字が区別される。noon（ひる）は、タテ線一本で、moonになるのである）。

日本語を横書き、横読みにしようというのは、そういう普遍的原理を破壊することで、あってはならないことであるといってよい。

外国かぶれか、ものを知らないのか、日本語を寝させてよろこぶのはコッケイである。マスコミがそれにやられなかったのは、読者を大切にするところがうまく働いていたことで、しっかりした感覚であるとしてよい。

その後、新しがりやなのか、入学試験の国語問題で横組み印刷をした有力大学があったとき、ほとんど賛成するものがなかった。横組みの日本語はきらわれているのである。ただ、なぜ、人気がないのかを考える人がすくない。ことばを大切にする心が足りないなどとは考えたくないが、高尚な思想をのべる識者が、ことばの原理を知らないことが多いのは、社会にとって名誉なことではない。

近眼と横書き

「メガネをかけて、カメラをぶらさげていたら日本人だ……」

かつてそういう、ブラックジョークが欧米にひろがった。知らぬは日本人。どうして、近視がふえたか、考えるもの好きはなかったが、はっきりした原因があった。

大正時代の終わりごろに、『コンサイス英和辞典』という英語辞書があらわれて、たちまち、国民的大ベストセラーになった。中学生で、この〝コンサイス〟をもたないのは恥だと思うものがいたくらいであった。

小さな辞書のくせに、たくさんの語を収載しているのを特色としていた。当然、とくべつな印刷がなされた。まず、文字が小さい。線細く、小さなスペースに多くの文字を印刷するため、タテ長の活字を新造したらしい。わけのわからぬ中学生はそれを喜び誇りにするものもすくなくなかった。結果は、近視が急増したのであるが、その因果関係を疑うものはほとんどなかった。外国人がいち早くそれを見とがめたというわけである。

私自身、中学生のとき、この「コンサイス」を使わなかった。担任の英語の先生が、中学向きの活字の大きな英和辞書を指定して求めさせたからである。

その私が決定的に目をわるくしたのは、やはり、横組みの日本語であった。学校を出ても勤めるところがなくて、月刊雑誌の編集をしなければならなくなった。何から何までひとりでやらなくてはならない。ろくに校正もできない若僧が、毎月、何万という八ポイント活字の校正をする。

たちまち近視がすすみ、何度もメガネをとり変えた。

ときたま、頼まれて、タテ組みのゲラの校正をすることもあったが、ウソのように気持ちよく校正できるのである。

横組みの日本文を校正するとき、ほとんど意識しないが、横に視線を走らせるのではなく、いったん、上から下へ視線を流す、タテ読みをするのである。大根を包丁で切るようにして進んでいくのである。疲れるのは当たり前だが、それだけではない。視線が、下の行へ流れるのである。

それを防ぐため、行の下へモノサシなどをそえて校正することを始めた。そうするとだいぶ楽になるのだが、横組みの日本語の校正が合理的ではないという信念のようなものをもった。

エッセイを書いて、眼科医の賛成を得ようとしたこともあるが、まったく反響はなかった。その間、わたくしは、半分以上、モノが見えなくなってしまった。恨みは深い。

心理と生理の問題

一般の人間として、横書きの日本語よりタテ書きの方が、ここちよいように感ずるとすれば、その気持ちを大切にしたい。

小学校のこどもも、横書きの理科などより、タテ書きの教科書に親しみを覚えるのであろう。ことに、女性の先生は、どこか横書きの日本語に違和を覚える人がすくなくないらしい。理科の授業はおもしろいことがすくない。

マスコミは、横書き、横読みに慎重であるが、横書き支持の若い記者がうごめいているらしく、小さなカコミ記事などで横書きがあらわれるが、いまのところ、はっきりした反撥はないのであろう。

短歌、俳句、ことに俳句で横書きの名句があらわれるようになるまで、マスコミなどは、安心していてよいように思われる。

タテ書きか、横書きかは、日本語にとって書話の問題ではなく、心理と生理の問題であるように思われる。

第三章　伝達のテクニック

ことばのアヤ——敬語

敬語の心

戦争にまけて、おかしくなったのであろう。とんでもないことを言う、りっぱな人があらわれた。

「フランス語を国語にしていれば、こんなことにならなかっただろう」

という意見をのべたのは、マチの若者などではなく、大作家であった。気のいい人は、本当かと思ったかもしれない。日本語がいけないと早まったことを考えた人はかなりいたはずである。

そのころ、若い人が、日本語を叱るようなエッセイを発表した。

〝尊敬しない人には、敬語を使いません〟

というのが根幹である。尊敬する人がほとんどいないから、敬語など用はない、というのである。

もうひとつの論拠は、

「外国にも敬語など存在しない。むやみに敬語をつかうのは、おくれた社会である。教授もそう言っていました。敬語はおくれた文法（？）だと思います……」

といった文章を書いていた。

ろくに外国語を知らない教師が、あらぬことをのべたのを、純情な若ものがマに受けた、というわけである。

なるほど、英語などの文法に、敬語のカテゴリーはない。しかし、それに相当する表現法はしっかりしているのである。ことに教養のある人は乱暴なことばづかいをしない。ていねいな言い方、上品なことばが使えるのは紳士、淑女のたしなみである。

「歩いて行くか？」

という言い方は、こどもにしか通じない。

「歩いていきますか」

とすれば、ずっと当たりがやわらかくなる。

「歩いてもかまいませんか」

とすれば大人のことばである。

「おそれ入りますが、お歩き、いただけますでしょうか」

とすれば、ぐっと丁寧度が高まる。


ナマの動詞は乱暴な感じになる。同じことを疑問形で言えば、丁寧になり、それを否定形にすれば、さらに、やわらかく、上品なことばになる。

英語などでは、それを敬語などと言わないで、ことばのアヤにゆだねる。敬語の心のようなものはもっている。古くは修辞学、レトリックといったが、印刷文化で修辞学の力がおとろえて、文章において、ていねいなことばが、その力を失った。しかし、敬語の心ともいうべきものがまったくなくなっているわけでは、もちろん、ない。「言霊《ことだま》のさきおう」わが国では、文字と話しことばが別々に発達したから、文語の文法とは別に口語のことばづかい、修辞が発達している。いまとなっては、発達していたと言うべきかもしれない。

敬語はヒトのためならず

対等な相手とことばを交わすとき、ふつうのことばを使えばよい道理であるが、日本語はなまのことばをブッつけて、

〝お前、行くか？〟

などとは言わない。相手によびかけるのは失礼であると感じる。さらに、ハダカの動詞をつきつけるのは、はしたないことであると感じるのが、ノーマルである。

〝行きますか〟

とするが、さらに、動詞がハダカではカゼをひくおそれがある。

〝いらっしゃいますか〟

〝おいでになりますか〟

〝おいでくださいますか〟

などとすると、なんとなく、あたたかみが出る。そこからして敬語が発達する。

つまり、相手を尊敬するから敬語を用いるのではなく、自分のことばが、すんなり受け容れられるために、ことばを美しいもので包む。そこに敬語のいのちがある。相手を尊敬しているかどうかは問題ではない。自分の言っていることが、よりうまく、相手に通じるようにしたい——それが敬語の心である。敬語はヒトのためならず。自

分に好都合なのである。

このことがわからないまま、敬語を使っているから、敬語の本質を見誤るのである。敬語は、相手への敬意を伝えるものではなくて、むしろ、相手の好意を得やすくするという利己的心情もあるところを見落とすのは、語感の貧しさである。

相手の攻撃をかわしてホコ先をそらすには、相手をたたえ、ほめ、わが身をおとしめるのが、現実的である。

そういう自己防衛の必要のないところでは、敬語は必要ない。親しい仲間うちで敬語を使ったりすれば、おかしなことになる。

きょうだい同士が、敬語をつかうことも普通ではないが、よその人には、とりあえず中等程度の敬語を使って、セブミをするのが常識である。

商売をする人は、一般的にことばづかいがうまい。昔の人は、〝おじょうず〟と言った。敬語を使われると、客はいい気になって、買わなくてもいいものまで買うことになったりする。

役人や、おまわりは、自分を守る必要がすくないから、敬語を用いることがすくない。

かつての官庁は一般市民を見下ろしていたらしい。本気にいばっていたのかもしれない。通達などを○○○殿として届けた。もともと、敬意であったはずである。のんきな公務員が、住民を殿で呼んでいるうちに、殿の価値が下がってしまった。役人はそんなことに気づかなかったが、商業のさかんな地方から、疑問の声が上がったのである。

新しい感覚は、地方からひろがった。地方の役所が競うように殿をすてて様についた。大都市は、鈍感なのであろうか、遅れをとることになった。

もともと、殿の方が様より高い敬称であったはずである。様が女性的であるのに対して殿は男性的である。

戦前から戦後にかけて、親、とくに、父親は、わが子に対して〝殿〟づけの手紙を書いたが、その味わいは、いまの〝様〟に決しておとらない。

〝尊敬しない人には、敬語を使いたくない〟

――などというのはこどもの理屈である。ことばはもっと微妙な心理を裏づけにして発達している。若い人は、それを学ばなくてはならない。敬語は古くから自分のためになるから用いられるという、利己的なところを内包している。長い伝統の中で、それが見失われているのである。

謙譲語の洗練

相手を立てれば、敬意を示したことになるというのは、わかりやすいが、相手を立てるには、自分を低める、というのは、洗練された語感覚である。

こどもが、ひとに向かって、

〝ボクの家は、アバラ家です〟

などということは、まずない。

ところが、もののわかった大人は、

〝拙宅は、文字通りのアバラ家で……〟

と言うのである。〝うちは、ちょっとしたご殿のようで……〟などと言えば、正気の沙汰ではないのである。実際はりっぱな家屋でも、ひとには、茅屋《ぼうおく》、小宅、お見苦しいところ、などとなる。

つまり、ウソをつくのである。

それが、相手を立てることになる。

いわゆる尊敬語が、実際以上にたたえることで、相手への敬意を表する、とすれば、逆に、自分のこと・自分のものを、実際以上に低めるのが、やはり、相手をたたえ、ほめることになる。そこの心理によって、謙譲語というのが生まれる。もちろん謙譲語は、敬語の一種である。

自分の子は、たとえ、秀才であっても、〝愚息〟になる。ひどいのになると、〝豚児〟と言うことばを使う人もあった。まかり間違っても、自分の妻のことをホメたりしてはいけない。どんなに頭のよい奥さんでも、夫は、〝愚妻〟と呼ぶのがしきたりであった。

戦後、尊敬語の力が弱くなると、豚児や愚妻がだまっていなくなり、こういう謙譲語は消えなくてはならなかった。

謙譲語はきらわれるようになって、いろいろ不遜になった。なんとなく威張った口をきく人がふえて、世の中が荒っぽくなった。しかし、ことばのセンスが洗練されているところでは、謙譲語をすてない。

〝小店では、……させていただきます〟というところを若い人が反発して、

〝当店では……〟とすると、（ナニをえらそうに……）と年輩の客が、つむじをまげ

る。

会社が株主にあてる報告書などには、大会社でも〝小社〟でなくてはならない。よほど語感の悪いところでも〝本社〟などとはしない。アメリカの企業が、こういうときに、〝わたしの会社〟（my...）という言い方をしているとわかっても、まねることはできない。

やみくもに、自分のことを卑下しているのではない。それによって、相手を立てることになるのを心得ているのである。だからこそ、謙譲語が敬語となるのである。洗練された言語感覚によって生まれたものである。

社会が大きく変化すると、そういうデリケートな語感も崩れるから、古くからの言いかたが嫌われるのである。

戦後の混乱の中で、微妙な心理が崩れるのは是非もないが、外国のマネをして、それを目のカタキにするのは、問題である。

謙譲の心理が、尊敬の心理に通ずることを解するのは、円熟、成熟したしるしである。

もちろん相手をたたえ、高める心がないわけではないが、それだけで、自分のことを低めるのではない。自分を卑下することによって相手から好ましく思われることをかすかながら意識しているのがことばのセンスである。そういう力のないこども、幼稚な人は謙譲語を使うことができない。正直なところをそのままぶっつける。バカ正直である。心あるものは、その愚かさをさけて、自分のことを悪く言うのである。自分を低めることばを使うのは、自分が床しい、心ある人間であることを伝えたいためである。自分のことをへり下って言うのは、相手に対する敬意がないとは言えないが、自分をまもるところがあるということは見落としてはならぬ。いやな言い方になるが、あえて、自分をへり下るのは、自愛の心をふくんでいる。洗練された語感である。

上品なことばづかいは、逆説を心得ておだやかなことばを交わすのである。日本は、この点で、ほかの国に比べてすぐれているようにおもわれる。〝和をもって貴しとなす〟という思想も、謙譲語によって育まれたと言うことができよう。

ていねい語は包装紙

英語のような素朴なことばに親しむと、日本語がいかにも装飾的なように感じられる。

酒と言えばいいものを、お酒という。ひるの食事を、そういわないで、〝おひる〟とした方がなんとなく、上品で、感じがよい。そう感じる感覚が、ていねい語という敬語をつくり出した。女性的、情緒的であるから、男性はあまり用いないが、酒のことをお酒、と言ったりすることはある。

ていねい語は、〝お（御）〟が中心であるが、漢字のことばには〝お〟でなくて、〝ご〟を用いる。お祝儀と言わないこともないが、ご祝儀とした方がおちつくのである。

コーヒー、ワイン、ジュースなど外来語には、〝お〟も〝ご〟もつけないルールがいつしかできているが、ウェイトレスなどが美称を好み、おビール、おジュースというのがおかしくなくなった。

それより前から、〝おタバコ〟というのはおかしくなかった。煙草と書くこともあって外来語らしくなくなってしまったのかもしれない。

こういう美称、ていねい語は、たとえて言えば、包装紙のようなものであると言うことができる。なんでもないモノでも、りっぱに包装をすると社交的価値が高まる。それをねらって、過剰な包装をする向きがふえて、いやな気持ちをいだく人も出る。

ていねい語に対する心理に通じるものがある。だからといって、ていねい語を敬遠するのは当たらない。

敬語の豊かさ

こういうこみ入った心理を内包しているのが日本語の豊かさであるとしてよい。ナマのままでは、相手に受け入れられないようなことも、敬語表現にすれば、案外すんなり受け入れられる。

攻撃的な相手も、敬語でつつんだことばを用いると、ホコ先をそらせるかもしれない、そういうことを、かすかに、匂わせるのが敬語である。尊敬しない人には使わない、などというのは、こどもの理屈である。

敬語は伝達効率を高める有力なレトリックである。誇るならともかくも、恥じるのは、明らかに不当である。

あいまい（上）

〝であろう〟の美学

戦後、イギリスから京都大学へすぐれた物理学者がやってきた。招かれたのかもしれない。この人は、珍しく、日本語が堪能で、日本では、日本人研究者の英語論文の英語を助けることを行なっていた。のち、世界的学者になる人である。

この人が、日本物理学会の学会誌に、「訳せない〝であろう〟」というエッセイを発表し、日本中の学者、研究者をふるえ上がらせた。

日本人の書く論文には、たえず、〝であろう〟ということばが出てくる。物理学のような学問の論文には不適当である。英語に訳すことはできない、という、いわば告発であった。

おどろいたのは、日本の学者、研究者である。なんということなしに、使ってきた語尾である。〝である〟としては、いかにも威張っているようで、おもしろくない。ベールをかけて"であろう"とすれば、ずっとおだやかになる。自信がなくて、ボカしているのではなく、やわらかな感じになるのである、などと考えた人もあったであろうが、学界はパニックにおち入り、〝であろう〟という表現はピタリと止まった。科学に伝えきいたほかの科学分門の人たちも、〝であろう〟を封鎖してしまった。科学における〝であろう〟は消滅した、というわけである。

これは、イギリス人の誤解である。

なにも、自信がなくて、〝である〟と断定しないのではない。〝である〟ときめつけるのが、なんとなくおもしろくない、たしなみに欠けているように思われる。それを避けるためのソフトな言いかたの〝であろう〟としているのである。専門の研究に忙しい科学者たちは、ことばの心理にかかずらわっているゆとりがなかったのである。文法の問題ではなく、レトリックの問題である。一部の人たちは、そもそもそんなことに関心がないから、この問題は広く知られることはなかった。

日本人には、「AはBなり」と断定するより、ちょっと和らげて〝AはBであろう〟とした方が落ち着くのである。

魚は水の中に住むが、清水より、にごった水を好むらしい。ことばも理屈では窮屈である。すこしぼかした方がいい。ハダカではなんだから衣服をまとう、というようなものである。それが当たり前だと思っているが、正直なことばも乱暴に感じられる。

かつて日本は、「言霊のさきおう国」と呼ばれたが、言霊はハダカをいとい衣裳を身にまとう。どうせ身につけるなら美しい方がいい。文飾が発達するわけである。

〝AはBなり〟

と断定してしまうと、受け手としては解釈する余地がない。自分の考えの立ち入ることが許されないことばは、それだけでおもしろくなくなる。

〝AはCではない。Xでもない〟

というようなワケのわからぬことばが、受け手にとっては気をひかれ、興味をもちやすい。〝あいまい〟というのは、実体がはっきりしないときに、おもしろくなる。

眠ったままの「あいまいの美学」

ヨーロッパでは、ギリシャの昔から、〝あいまい〟は悪魔的だときめつけられて、変わることがなかった。はっきり、あいまいの美学を考える哲学はなかった。そのヨーロッパで、二十世紀になって、異変がおこった。〝あいまい〟の美学を認めたのである。ウィリアム・エンプソンという青年であった。

彼はケンブリッジ大学の数学科の学生だったが、I・A・リチャーズという言語心理学者の学生に転じたのである。

エンプソンの「あいまいの七型」という論文は、二千年前の西欧をひっくりかえす発見をふくんでいた。

頭の固いヨーロッパの人たちは、それを認めることができなかったが、言霊のさきおう日本はいち早く、それに反応した。

エンプソンは招かれて、東京の大学の教師になった。

しかし外国文化にかぶれていた日本人は、エンプソンから、あいまいの哲学、あいまいの美学を引き出すことができなかった。

三十年ほどして、アメリカ南部の保守的な地方に、それを受けつぐ学風がおこった。それをニュー・クリティシズムと称したのである。エンプソン自身からは学びとることをしなかった日本の英文学が、このニュー・クリティシズムに目の色を変えたのはあまり名誉なことではない。

ニュー・クリティシズムというのが長いのであろうか、勝手に〝ニュー・クリ〟ということばをつくって、ひとさわぎした。ものまねである。アメリカでニュー・クリティシズムが力を失うと、日本の英文学も、さっさとひきあげた。あいまいの美学は眠ったままである。

俳句には〝意味〟がない

ことばが、美しかったり、おもしろかったりするのは、多義性によるところが大きい。人によって受けとり方が異なることを許容する。すべてのことばが、同時多義的である。日本語をとらえるのは、至難で、誤解をあらかじめ覚悟している。そういうとき、ことばは、あいまいになるほかない。

あいまいな言語でないと、おもしろい表現は生まれない。

いまのところ、俳句は、世界一の短い詩であるが、あいまいが生命である。三十一文字の和歌が十七文字の俳句になるのに、千年を要したのは偶然ではない。

俳句に〝意味〟はない、と言えば、反論されるにきまっているが、いくつもの意味を同時にそなえている表現に、〝意味〟は存在しない。生まれるのは、受け手の〝連想〟で、十人十色になる。

いくらノンキな教師でも、入学試験の問題に、俳句の意味を問うことはしない。アイマイなことばには、意味、正確な意味を特定することはできない。

俳句に限らず、日本語の表現で、意味を特定することは難しい。おびただしい試験で国語の問題が出されるが、意味を問うことはできない。せいぜい〝解釈〟になる。解釈に点をつけることは難しいから、競争試験に国語の出番はないはずである。

俳句がおもしろいのは、あいまい、だからであり、意味がはっきりしないからである。わかりにくいから、おもしろい、わけのわからぬことを表現するからおもしろい。

俳句はおごってはいけない。

あいまいの栄える国

戦後、アメリカのベストセラー雑誌、『リーダーズ・ダイジェスト』の日本語版が刊行されることになったとき、発行者は日本人の翻訳者に指令のようなものを発した。その中に、わかりやすい表現を要求するところがあった。明確、平易、一読わかる文章を要求し、それが成功、一時、驚異的大部数を誇った。

それが、長続きしなかったのは、あいまい趣味の日本人から愛想をつかされたためである。もっと、あいまいな表現を読者は求めていたのである。そのためかどうかはわからないが、平明なことばが人気を失いかけたのとひきかえに、あいまいのかたまりである俳句が若い人の間、女性の間でブームとなった。俳句第二芸術論などで名を売った人も恥をかいたが日本は、あいまいの栄える国なのである。

脱線の醍醐味

昔のことは分からないが、学校の授業、大学の講義など、おもしろかったことはすくないだろう。卒業したいためにがまんして勉強するのである。知識をふやすのは、どことなく幼稚である。ひとよりえらくなるのは、気分のいいもので、そのためには、つまらぬことをしなければならない。うすうす、そんなことを感じて、上の学校へ進んだのである。

もともと、日本の教育、ことに高等教育はヨーロッパの模倣で始まった。

戦争が終わって、アメリカ流の教育に切りかえられた。いちばん大きく変化したのは大学である。

三年の大学が四年の新制大学になり、前期二年は一般知識の学習、教養課程、あとの二年が専門課程と分かれていた。

旧制高等学校、専門学校は教養部に属し、旧制大学の教師が専門担当になった。同じ大学の教員でも、専門か教養かではっきり区別された。旧制から新制大学へ移行するに当たってどこの大学でも、この人事でゴタゴタしたようであるが、結局、年長者、専門の業績のある人が専門課程に、若い人は教養課程にまわされた。不満な若い研究者が多く、新しく生まれた大学の活力を殺ぐことになった。

教養課程の大学が不評であった。英語の授業など、高校の方がよかった、という学生がすくなくない。若い教養部の教師たちは、いい加減な小説を読んだりして、ますます評価を落とした。

筆者は、たまたま、その教養課程の英語の教師であった。おもしろくない。学生は単位をとらないといけないから出席はするもののまるでやる気がない。若いから純情で、なんとか学生をひきつける授業をしたい、とひそかに、心を砕いた。

そして、おもしろいこと、新しいことを言うと、学生がワッと笑うことを知った。

テクストにしばりつけられていては、いくらがんばってみても、まるで反応はないが、脱線して、よけいな話をすると、学生は身をのり出し、なんでもないことにも笑い声をあげるのである。

これだと思った。テクストをはなれて、脱線をする。もとへもどることができなくて、そのまま時間が終わる、というようなことがあっても、反発する学生はない。それどころか単位に関係なく、そういう脱線、雑談が目あてにほかのクラスから盗聴に来る学生が出るようになった。毎年、金曜日第一限ときめていた一般英語がふえて、四十名のクラスであるのに、百名をこえる学生が、このクラスに集まった。

そのころ流行し出していた、カセット・テープレコーダーで録音、寮に帰る。よく停電したらしいが、夜、停電すると、そのテープをきいて楽しむグループまで表れた。脱線はそれくらいおもしろいらしい。

ロード（road）という訳が出てきたとする。さっそく、脱線。もともと、ロードはただの道、雨でも降ればドロンコで、車もすすまない。金をかけて石のロードをつくる。これなら馬車が走ることができる。スコットランドのマカダムという人が、入念なストーン・ロードをつくった。それがマカダム・ロードである。たいへんなカネがかかるから、おいそれとまねるわけにはいかない。地震計のある東京大学の前の本郷通りだけ、このマカダム工法の道路をつくった。

マカダム・ロードは石道である。その石を鉄路（レイルロード）にしたのが鉄道で、これもイギリスから教えられ、横浜・新橋間の鉄道になった。

そういう脱線をすると、話している方でも時を忘れる。テクストの方は、数行しか進んでいないのに、授業終了のチャイムがなるということになる。教師として、いい気分である。たのしいと思うこともあり、おもしろいと思うこともすくなくない。専門課程の学生では、そういうわけにいかないから、退屈なのである。

脱線して喜んでいたころは、なぜ、脱線がおもしろいのかと考えることもなかった。脱線のはなしがおもしろいのは、筋道が立っていないからである。計画的に、脱線することはできない。偶然に、筋道へ外れるのが、脱線である。

人間の集まっているところで脱線してはコトである。しっかりレールの上を走らなくてはならない。

おそらく、〝おもしろさ〟は偶然の脱線によってしか、あらわすことができない。まじめな人間はおもしろいことが言えない。

あいまいなものは、おもしろい

正直で真面目な人は、真理を追求する。あいまいなものを嫌い、笑いを許さない。知的ではあるが、おもしろさに欠ける。文化がその人たちの追求する真実を高く評価するのは自然であるとしてよい。人間の歴史はそういう真実尊重の思想によってホモ・サピエンスになることができた。

しかしそれでは、さびしい、笑いがほしい。おもしろいことに出会いたい。そういう欲求から、喜劇の一歩手前、おもしろさになるのである。

明確な形をしているものは美しい。しかし、はっきりしない、漠然、あいまい、偶然的なものもけっこうおもしろい。より純粋なおもしろさに達することができる。あいまいの美学はそこから生まれる。メタ・カルチャーである。

あいまいは、美の仮の姿である。

あいまい（下）

コケ文化とあいまいの美学

若いころ、十年くらい、日本語を忘れるくらい、英語に親しんだ。しかし日本語の本を読むほど英語の本はたのしくならないのである。いつまでたっても、英語がおもしろくない。妙に理屈っぽくて、ギスギスしている。味わいがかける。渋味が乏しい。

自分なりに悩んでいて、うるおい、ということを考えるようになった。英語は日本語に比べて、うるおいに欠ける。あらわにすぎる。よけいなことをしゃべりすぎる。そう思って、フランスやロシアの文学をかじってみると、これは英文学よりずっと、カサカサして味気ないように思われた。

やはり風土の問題だと思うようになって、日本のことば、文化を見直すようになった。日本文化は、イギリス文化に比べて湿度が高い。ウェットである。しかし、イギリス文化もドイツ、フランスに比べるとウェットである。日本はその点ではるかに進んでいる。

多湿の風土はコケ（苔）を重んじる。日本は、昔から、「コケの生《む》すまで」とコケを賛えたが、イギリスも「転がる石はコケをつけない」とコケ礼賛である。アメリカは、まねたくても、湿度不足である。逆立ちしても、コケの美学には近づけない。ハラを立てたかどうかはわからないが、コケを悪ものにした。有能な人は、つねに活動的、転職なども進歩と考えるから、コケは悪ものになってしまった。

日本はコケ文化では先達である。コケをありがたがるだけでなく、同類のカビも味方にして、醱酵食品の大国になった。

味噌、醤油の美味がわかるようになったのは、伝統にとらわれないアメリカが早かった。と言っても、戦後のことである。

コケ文化を重視するイギリスも、いつまでもコケにこだわっていた。カビのよさを発見することができなかった。ことばでいえば、あいまいということがわからない。

ギリシャ以来、あいまいは悪魔の仕業のように誤解、二千年、その点に気づかなかった。イギリスで、二十世紀に入ってから、コケ、カビの美を解する天才があらわれて、あいまいの美学をうち建てた。ウイリアム・エンプソン（「あいまいの七型」）であるが、多くのヨーロッパ人はいまなお、あいまいの美学を認めていない（ペニシリンもカビをきっかけに生まれた）。

さすがに日本である。もっとも早くエンプソンの偉業を認め、若きエンプソンを東京の大学が招いた。しかし、あいまいの美学がおこってしかるべきところ、頭の固い日本人はついに、あいまいの美学を創めることはなかった。

カラカラに乾燥したアメリカで、おくれてエンプソン美学にあやかろうとしたが、ついに成功せず、ひところは飛ぶ鳥を落とす勢いのあったニュー・クリティシズムは音もなく消えた。

それを見て何も感じなかったのだから、日本は鈍感である。それをはっきりさせたのは、情けないことである。

アメリカは、ドライ文化の国でありながらウェット文化に対する関心を大切にするところはもっと注目されてよい。

あいまいの美学がなければ、俳句、短歌のような短詩型文学が発達しない。俳句が国際的になったのも、アメリカの寛容の精神のおかげである。

アーサー・ウェイリーは東洋美学の先覚者であるが、あいまいの美学を欠いていた。源氏物語の英語訳に当たって、和歌をすべて切り棄てなくてはならなかった。俳句はアメリカにおいて世界的文学になることができるはずであるが、季語というローカルなものの処理ができないまま俳句に似て非なるハイク・ポエムを生むことになった。あいまいの美学は依然、泣いているのであろうか。ひとごとではない。日本人こそあいまいの美学を確立させる義務があるように思われる。

それにはまず、日本人の手で、あいまいの美学を確立する必要がある。マネばかりしていないで、世界をリードする思考を生み育てなくてはならない。

カビの価値

あいまいは、高温、多湿の社会で発達する点で、カビに通じるところがある。乾燥したところではカビが生えない。カビの多いところはすくないだろうが、そのために、ドライな国々のつくることのできない醱酵食品を生み出した。味噌、醤油はその筆頭である。文化ではカビを生かした美味をつくり出すのに成功しなかった。

戦後、進駐軍の兵士として来日した人たちが醬油のすばらしさを発見、アメリカへ帰ってからも醬油をありがたがって、日本ブームをおこした。日本人が、醬油、味噌、ことに味噌ばなれを進歩的のように考えるのは幼稚だったのである。

日本人は、カビの価値を認める点で、先頭を切る歴史と伝統をもっているが、浅薄な外国崇拝にとらわれているうちに、そのよさを忘れてしまったようである。きらうようになったが、カビの力は大きい。複雑、微妙な味わいをもっている。

こどもは、複雑なもののよさがわからない。食べものでも、甘いもの、辛いものくらいにしか反応しない。年をとるとそういう単純な味がおもしろくなくなり、甘辛がまじり合ったものが好まれる。単純明快より複雑含蓄の方が好ましくなる。

いい、しるこ、なども、ただ甘いだけではなく、ちょっぴり塩を入れるのが高級であるように思われる。ちょっとしたから味を別皿に添えることもある。

あいまいのぬくもり

ことばについて言えば、率直、平明のみを心がけるのは、いくらか未熟な感性である。本当のことを言わなくてはならないと言って、あからさまに、あるがままを言ったり、書いたりするのは乱暴だと考えるのが、洗練された文化である。

あるとき、東京の人が大阪の社長をたずねた。寄附をもらうのが目的である。東京の人のはなしをジックリきいて、社長はひとこと「考えときまひょ」と言った。東京氏は、「よろしく……」と言って帰ってきた。

いつまでたっても、返事がない。東京氏が、「もうそろそろ、お考えいただけましたでしょうか」と電話で尋ねると、社長が笑って、「もうすこし勉強しなはれ……」というような返事をした、という。

「考えときまひょ」

というのは、考えて返事をするというのではなく、〝ノー〟の意味だったのである。本人を前にして、〝ノー〟と言っては、いかにも乱暴である。ベールをかけて、考える、とボカしたのである。東京氏にはそれを受けとめる、洗練さ、ソフィスティケーションが欠けていたのである。

あいまいなことばは、相手に対する思いやりがふくまれているからやさしく感じられるのである。バカ正直は冷たいが、あいまいはヌクモリがあって快いのである。洗練された感覚は野暮の率直さを好まない。人目をさけるというわけではないが、ベールをかけて、あえてボカす。それが美学になるので、カビが栄え、あいまいな複雑さを喜ぶ。

バカ正直なことばでは、ケンカはできても文学を生むことは難しい。一般に表現は、くだくだしく、あるがままをことばにしようとするのに対して、成熟したことばは、省略、飛躍を怖れない。自然、短い表現が喜ばれるようになる。あいまいの文学は省略である。長々しいのを好まない。

和歌、短歌は三十一文字。世界で比を見ない短詩である。それが、さらに熟して、十七文字という短詩を生んだ。それを支えるのがかくれたあいまいの美学である。アメリカは変わったものに関心が強いから、さっそく、俳句をとり入れようとした。それなりの努力はなされたようだが、ついに俳句をとらえることが叶わず、ハイク・ポエムを生んだにとどまる。あいまいの美学がなくては短い文学が育つことはない。日本は、あいまいの美学の進んだ国であるが、その自覚はほとんどない。あいまいについての理解が充分でないのである。

あいまい、は誤解されている。

相手に対する遠慮が基本にある。日本は、その感覚を失ってきた。

ことばの価値

コトバを売る

「はじめにコトバありき」（「新約聖書」）とあるように、言語は社会、文化の第一原理で、すべてのものに先行する。

しかし、コトバはずっと、タダであった。だれが使っても自由、何を言うこともできた。

その歴史がずっと続いて、印刷術が生まれて多くの印刷物がつくられたが、印刷されたのは主としてコトバであった。

印刷には技術と費用が必要で、タダというわけにはいかない。印刷物は原則有料である。

コトバは仕事を生み、小なりとはいえ、経済活動の源泉になった。漢字をたくさん使う言語は印刷に不便であるから、日本で印刷文化の発達がおくれたのは是非もない。わずかのアルファベットの組み合わせでこと足りる西欧の言語では、印刷が急速に普及した。

もちろん印刷物はタダというわけにはいかないから、値段がついて販売。小なりといえども産業になる。

コトバを売る、というのは、新しい思想である。カネを出して買ってくれる印刷物は何を印刷したらよいかから考える必要があった。

聖書のような教典を別として、多くの人が、カネを出して読もうとするようなものがない時代、ニュースを売りものにするジャーナリズムは、もっとも有望なものである。定期刊行物が生まれる。つまらぬ事件でも、ニュース・バリューがあれば商品になることを発見した人たちによって、新聞、ついで雑誌がいろいろ出るようになった。十八世紀ごろのヨーロッパである。新しいもの好きが飛びついて、ジャーナリズムは仕事としてのびた。

喫茶店のようなところで、新聞を読み、買うことができた。出たばかりの新聞がいちばん高く、日が経つにつれて安くなるが、かなりおくれた新聞も、買い求める人がいて、ジャーナリズムが商売になった。

そうなると、ことばはタダではなくなる。印刷されたコトバは商品価値があり、売るのはニュース・バリューである。

その原稿を書く人もタダということでなく仕事として原稿を書いた。

新聞、雑誌の記事ではなく、まとまった物語、著述をする文筆家があらわれるようになる。売れればカネの入る文筆家を志すものがふえたと想像されるが、そうそう才能をもった人がいるわけがない。成功したものをひき写しにしたような盗作がはびこり、文筆家たちを苦しめた。

剽窃《ひょうせつ》、盗作を防ぐために、コピーライト法、著作権法をはじめて制定したのは、十八世紀はじめのイギリスであった。ほかのヨーロッパ諸国もこれにならい、いまは万国著作権条約があって、コピーライトとその商業的利権を守っている（恥ずかしながら、日本は、コピーライト尊重において、先進諸外国に大きくおくれをとり、第二次大戦まで、著作権をふみにじった海賊出版がまかり通っていた。戦後、日本へ進駐してきたアメリカは、日本の海賊版撲滅を目玉政策のひとつにすることができた）。

送り手中心の出版

出版は著作権の確立によって、産業になることができた。送り手優先の秩序である。受け手は、不利な立場におかれているわけだが、売り手市場の中ではそれを問題視することができない。弱い受け手である限り、送り手、執筆の優位は崩れない。

しかし、出版は商業である。送り手中心、送り手優位の体制がすこしずつ逆転しようとしている変化に抗することは難しい。それにもかかわらず、出版、印刷文化は、少数の送り手の支持に力をつくす。

受け手、消費者が力をつけるにつれて、たとえば、商品の定価が問題視され、多くの商品が〝定価〟をひっこめた。しかし、出版は、定価を主張する、貴族的な考えを持続している。

もともと多数で、送り手、作者を圧倒している受け手が、いつ目をさますか、興味ある問題と言ってよい。

多数決は、政治的原理である。力ずくの思考である。文化を考えるのに、安易な多数決迎合はつつしまなくてはならない。すくなくとも、多数の質的昇化を避けて考えるのは不当であると言ってよいが、受け手を見下ろすような考え方は反省されなくてはならない。

ただ多いだけではよろしくない。良質の多数であってはじめて、創造的文化の担い手になることができる。政治的多数決原理をそのまま、文化問題へ流用すれば、質的混乱のおこるのは必定である。

文化的多数決原理が新しい文化を創出できるかどうか、現在は、重大な岐路に立っている。

ジャーナリズムの誕生

新聞、雑誌、本など印刷、出版、販売されているものはすべて、有料である。大学などの出している紀要は無料だが、タダで出来るわけがない。そのための費用は別途支給される。

印刷されたことばの受け手が読者であるが、古い時代、印刷普及以前に、そんなに受け手がいるわけがない。古い時代の出版社は、原稿を得るのに苦労した。

初期のイギリス印刷文化では、出版社が裁判所へ行って、法廷のやりとりを速記し、それを記事に〝新聞〟をつくらせた、といわれる。とても日刊新聞とはいかないから、発行後何日も売られた。新しいほど値段が高く、日が経つにつれて安くなった。商品として考えれば当然のことである。

だんだん発行元が力をつけるにつれて、専属の記者があらわれる。プロの送り手である。受け手は、それを喜んで迎え入れて、ジャーナリズムが生まれた。

本を出すのには、原稿の筆者が必要で、これはニュース記事を書くようにはいかず、早くからプロがあらわれた。そういう人たちを経済的に守る著作権法が成立したのは、十八世紀初頭で、なぜか、イギリスがもっとも早かった。イギリスの文化が力をつけた一因はこの著作権による送り手保護によるところが小さくない。

定期刊行物、書籍出版が、受け手を育てて、それが、デモクラシーに通じる思想を育んだことは否定できない。

ことにスコットランド出身者が、印刷、出版によって大勢力になった。ことばの問題もあってスコットランド出身者は、政治、宗教の世界で、充分に活躍することができなかったが、文章ならそのハンディはなくなる。スコットランドの著作者、編集者、出版人がイギリス帝国の大きな力となったのはおもしろい。

日本でも、明治以降、言論、文筆家、とりわけ出版人が、多く政治的不遇の地域から輩出したのも、似たような背景があったと考えられる。弱者としての送り手であったことになる。

しかし、出版、ジャーナリズムが送り手中心に発展したことには変わりがない。ただそれを支える受け手は、弱者の多い地域で大きな力をもった。

明治以後のジャーナリズムを見ても、西高東低である。政治の中心はすでに東へ移っていたが、受け手は西が強い。大新聞といわれるものがほとんど、京阪神地区の受け手によって成長したのは偶然ではない。

同じ新聞読者でも、東西に大きな差が認められる。関東地区では、東京をはなれると、新聞読者が弱くなる。いまはそんなことはないだろうが、新聞をとらない家庭があった。

それにひきかえ、関西圏の読者は強い。全国紙を一つだけでなく、もうひとつ読む併読者が西に多く、東にすくないのは事実である。新聞ばなれのささやかれる近年、新聞の併読者もすくなくなったに違いないが、なお、関西の方が新聞を大切にしているように思われる。

受け手の力

新聞は、もともと、読者に対して、絶対的優位をもっており、社会の木鐸《ぼくたく》を自認した。そんなことを言われても、かつての読者は反撥することはなかったのである。読者は自己の力を意識することがないまま、ラジオ、テレビへ乗り替えたのかもしれない。受け手の力をつけたことと新聞の弱体化とは無関係ではないように見られる。社会の木鐸を口にする電波メディアがないのは、受け手の有勢のためであると考えることができる。テレビの受け手は、ほぼ消費者になり切っている。まだ王様とは言えないにしても、若きプリンスくらいである。ますます力をつけるであろう。

本の送り手と受け手の関係はすこし異なっている。両者をつなぐ編集者の存在があるからである。

書籍に限らず、送り手と受け手を結ぶ大役を担っているのが編集者の存在である。何ごとも欧米風の模倣をコトとしてきた日本であるが、編集を真似ることはなかった。

戦争が終わるまでに、しっかりした編集者をかかえているのはごく少数のエリート出版社に限られていた。大部分は、名は編集だが、編集者とはっきりしていない、ノリとハサミの仕事をする職人のように見られていた。

どんなに若くても、執筆者は〝先生〟である。原稿はもらいに行くのがいいとされていた。作家志望の例外的編集者をのぞけば、しっかりした編集者はいなかったと言ってよい。ほかに勤めが見つからない、学校は中退というような編集者がごろごろしていた。筆者からもバカにされていて、原稿をもらいに行ったら、ついでにタバコを買ってきてくれと頼まれたという編集者もいた。よほどのことがない限り、編集者になりたい、という人はなかった。

新しい編集者があらわれたのは、大学紛争後、数年してからである。ヘルメットをかぶって活動した学生を採用するところがない。それを救済するのが出版社である。志をもった思想家だと思っている新編集者は、執筆者を〝先生〟と呼ぶような恥ずかしいことはできない。相手かまわず〝さん〟で片づける。原稿はできたら送ってください、とはじめから通告する。

若い執筆者は、そういう新編集者をおそれて思うことも書けないという信じられないことがおこって、送り手の権威を崩したケースがふえたのである。

そういう中で生まれた本が、一般読者におもしろいわけがない。やたらに理屈はこねるがさっぱりおもしろくないという本が多くなるのは当然で、ほぼその通りにすすみ、出版不況を迎えなくてはならなくなった。

そういうごたごたの間に、音もかすかに力をつけているのが、受け手である。かつては送り手、ついで、編集者の思惑におどらされている、〝沈黙の読者〟が、声をあげて、ベストセラーを生む例が見られるようになったのである。

実名を挙げるのは憚るが、あるエッセイ集が三十数年前に出た。浮世ばなれしたテーマの本で、当然ながら、売れない。それでも細々とは売れたため絶版になることはまぬがれた。

それが出版後、二十数年して、突然、売れ出した。きっかけがある。地方の大きな書店に奇特な店員がいて、みんなで、文庫本を読んで勉強をしたという。

問題の本を読んだ店員が、「もっと若い時に読んでいれば……そう思わずにはいられませんでした」といういつわらぬ感想をポップ（立て札）に書いて、その本の上にのせた。

それを見た人たちが心を動かしたのであろうか、びっくりするほど売れたという。版元にそのことを告げ、同じようなセールスを東京ではじめたところ、大きな反響をおこし、この本はベストセラーになった、という。

読者の力である。版元も著書も、受け手の実感を引き出したという手柄はあるにせよ、売れる力を与えたのは、小売り書店、店員の心の声であった。著者、編集者の声には反応しない受け手、読者は、受け手の声を素直に受け容れる。送り手より受け手の方が、大きな心をもっていることをあらわして興味ぶかい。

受け手は卑下するには及ばない。

カネを出すのは受け手である。いくらエラソウナことを言っても、編集者という送り手は一文も払わない。そういうのが、天下に号令するようなことがあっては不都合である——そういう考えがなぜあらわれないのか。読者は王様にはならないが、おとなしくやさしい目利きである。実力のある、心やさしき受け手、読者が定着すれば、新しい活字文化、新しい思考が、社会を飛躍させることになる可能性があるといってよいであろう。

文化、思想において、送り手主導の歴史がつづいたために、送り手が不当に大きな力をもち、受け手を圧迫してきたが、それを反省することはすくなく、文化、社会を弱めてきたことをここで反省してみることができる。

読者は著者の考えを丸のみにするのではなく、高次の再生産によって、新しい文化を創出することができる。

多くの人が怖れている人工知能とうまく融合していくにも、この送り手と受け手の融合が欠かせないように思われる。

賢い送り手、たくましい受け手によって人類は進歩することが可能である。

第四章　伝達のセオリー

第四人称

〝のぞきのトム〟伝説

通りの家から人声がする。大声でなくとも何だろうと、つい聴き耳を立てる。はしたないことだと思う人もあるかもしれないが、まるで知らん顔で通りすぎるのは難しい。

よけいなことを気にするのははしたないことだというのは、すべての人が心得ていても、つい、何だろうと、気をひかれるのは、それほどいけないことではない。知らん顔で通りすぎる方がかえって、おかしいのかもしれない。

昔、イギリスの地方領主が、苛政《かせい》で知られていた。重い税をとり立てて領民を苦しめた。見兼ねた領主夫人が、〝どうか重税をおやめください〟と歎願をしたところ、領主は〝おまえが全裸で街中を端から端まで馬にまたがって通り抜けたら要求をかなえてやろう〟と言った。

伝え聞いた領民は、領主夫人の恩を深く徳として、当日になると、戸を閉じて、裸身の領主夫人を見ないことにした。町の人はみな戸をとざして息を殺した。

ところが、仕立屋のトムなるもの、裸の領主夫人を一目見たくてたまらない。そっと、戸をあけて、のぞいてしまった。

天がそれを罰したのであろうか、〝のぞきのトム〟は、失明してしまうのである。以来、何百年も、伝わる伝説となった。

〝のぞきのトム〟だけではない。たいていの人が、そうしたいと思うにちがいない。

本人にとって死ぬほどつらいことでも、縁とゆかりのうすい人間にとっては、おもしろくなるというのが不思議である。どうしてであろうか。深く考えることもなく、トムの悪徳を伝えることになったのが歴史である。人間の心の中の闇である。

見てはいけないものを見てしまう、というのは、もちろん、トムが初めてではない。人類とともに古くからいたるところでおこっていたはずである。しかし、実際には、まれにしかおこらないのであろう。

それに目をつけて、人間の原罪のようなものを創作する詩人、物語作家があらわれるようになる。これなら罰せられることがないというわけである。トム的人間は、それを喜び、それをたのしんだ。多くのドラマが、生まれた。

カタルシス

真面目な哲学者は、悪の賛美ともとられるドラマや詩が流行されることを許すことができない。フィクションといえども、悪を賞美することは正しくないと、考える。

ギリシャは西欧において、もっとも早く虚構の美学を生んだ国であったが、悪を賛美する芸術、それを創出する詩人を敵視することになった。ギリシャ最大の哲学者プラトンはその創出した理想社会、〝共和国〟へ詩人を入れることを拒んで、二千年、人々を苦しめることになる。

いくらプラトンでも、悲劇の美しさを抹殺することはできないが、悪の花を弁護するのは常識では難しい。芸術は、末ながく、反社会性を十字架として背負うことを余儀なくされることになる。

詩を救おうという努力はギリシャから始まっている。アリストテレスは有名な比喩、カタルシス説によって、詩を救おうとした。後世、新しい発見がなかったため、アリストテレスのカタルシス説は、細々ながら命脈を保っているようである。

人間、人間の社会は、毒を発生する。これが蓄積すると、たいへんなことになるが、毒をとりのぞくのは容易ではない。はじめから毒を追究することを考えるのではなく、むしろ、その毒を増強して、体外へ排出してしまう方法をとるのが賢明である。下剤をかけて毒を排出するのである。その下剤が詩でありドラマである。下剤によって、体内がきれいになるのに快感をともなう。詩の効用は下剤効果にあるというのでカタルシス（浄化）と名づけた。比喩思考としてすぐれているから、後世、これを支持するものがすくなくなかったのである。

筆者は、若いころから、悲劇、フィクションに関心をもち、いち早くアリストテレスのカタルシスに同調した。しかし、比喩で解決する問題ではなく、ことばの本質に触れるところに、フィクションの美学の鍵があるように考えはじめた。

「第四人称」の発見

われわれは、ことばをしっかりとらえていないのではないかという疑念が生じたのである。日本語は伝達についての関心が小さい。低い。感覚的である。ことばは本来、もっと大きく、複雑で、社会性をもっているのではないか。それを、ごくごく小さくとらえているために、ことばの力が限定されているのではないかという疑問をいだいたのである。

日本語の文法は、そういう小さな世界のことばにとじこもっていて、本来の機能を失っているのではないかと考えた。文法も形式的に不安定である。第一人称、第二人称、第三人称がはっきり独立していない。単数、複数の概念もあいまいで、単数で言いあらわすべきところを、複数に扱ったりして平気である。

そういう不完全な文法にしばられている日本語では、フィクション、詩の本質を考えることができないという気持ちがつよくなって、新しい文法を考えた。その第一歩が、第四人称である。

いまの言語学は内外どこの言語でも、第一人称、第二人称、第三人称の三つしか認めていないが、これではことばの働きをとらえることができない。

第一人称、第二人称、第三人称、わたくし、わたくしたち、あなた、あなたたち、ほかの人、ほかの人々――これでことばの世界がとらえられるというのは、原始的思考である。

劇場でドラマを見る人は、こういう伝統的三人称世界からハミ出ているのである。舞台上のことばは、三人称であるが、客席の人たちを第三人称と考えるのは粗雑な思考である。舞台上のことばと、客席へ届くことばは、同じ形をとっていても、まったく性格を異にしているのである。聡明なギリシャ哲学も、その区別ができなかったために、芸術、詩の扱いに苦労したのである。

第四人称を考えれば、問題はなくなる。

第一、第二、第三人称間の伝達は、舞台とその周辺においてのみ有効である。客席は別次元の世界である。三人称世界とその外にある四人称世界は、しばしば逆のはたらきをする。

舞台上では、かなしきことが、客観ではおもしろくなる。

この転換は高度の想像力を要するために、ドラマが悲劇であっても、観客は知的な興味で受けとめることになる。

それをはっきりさせるために、ステージと客席を、カーテン、幕で仕切るようになった。第四人称は幕の外のことばである。

誤差が拡大する伝達

ことばは人間にとって、もっとも身近な文化であるが、あまりにも親しまれているためか、深く考えられることが少ない。ことばのはたらきを考えるのも普通でない。

Ａ〈第一人称〉が10のことを言えば、Ｂ〈第二人称〉に、10がそっくり伝わるように思っている。やかましく言えば、Ａの10が、そのまま10としてＢに伝わることはあり得ない。ごくごくすこしであっても、変わったイミのもの、10プラスマイナスＸとして、Ｂに理解される。10にならないときは、Ｂによって、適当に補充されるのである。Ａ10は第一人称のそのまま第二人称のＢ10として伝達されると、おたがいに思い込んでいる。それで、混乱がおこるのだが、小さい誤差であるから無視されるのである。

すべてのことばは、そのまま、移動しない。かならず、意味を変えて相手に受けとられる。

第一人称から第二人称への誤差は、多くの場合、問題にならないくらい小さいのが普通だから、完全な伝達であると考えられる。その場に居合わせない、第三人称の人間間ではその差が大きくなって、意味不明ということがおこりうる。

ある人が、朝、食事前に仕事をして能率がいいことに気づいて、〝仕事は朝飯前がいい〟と言ったとする。それをきいた、第二人称人物は、食事前の作業がすらすら進むという意味はとらえることができるが、なぜそうなのかを考えることはすくない。ただ、朝飯前の仕事がいいということで了解する。

その外側にいる第三人称の人には、この第一人称―第二人称の伝達が保証されていないから、意味をとりそこねることが多い。そして、朝飯前の仕事はかんたんだというように曲解するかもしれない（実際、いまの国語辞書には、そういう意味であるとしているものがある）。

ことばは、そのまま、広がっていくのではない。伝達されるプロセスで、微妙な変化を受ける。まったく、もとのまま、ことばが動くことはない、ということが忘れられる。

ことばの球面的世界

われわれは、ことばが、そのままの形で、伝達できるように考えているが、ちがうのではないか。ことばが、一線状で、平面を移動するように、伝達されることはないのかもしれない。

そういうことは考えずに、ことばのきまりをこしらえて、文法ができた。

文法は、第一人称→第二人称→第三人称をほぼ正確に、伝達されているよう考えているが、そうではないのではないか、と考えることができる。

第三人称の外に、第四人称を考えると、ことばのいのちが変わってくる。ことばは、平面を直線的に動いていくのではなく、落差のある立体をのりこえてはたらいているのだと考えると、ことばは新しい力を得る。

「人を殺す」というようなことばは、平面的伝達ではおぞましいことにしかならない行ないであるが、立体的なはたらきを認めれば、〝おもしろい〟意味をもつようになる。

ことばがときに正反対の意味をもつことがある。矛盾であるが、不当であるということはすくない。

〝イヌも歩けば、棒に当たる〟ということわざは、いろはカルタにも入っていて、有名である。

イヌも歩いていると、思いがけない災難にあったりする、というイミで用いられる。それが、いつのまにか、イヌも、よけいなことをしたり、ブラブラしたりしていると思いがけない、いい目にあう、といった逆の意味で用いられるようになった。誤用であるが、多くの人たちがそういう意味で用いるようになり、公認され、これをのせる辞書もあらわれた。同一表現が、相反する二つの意味をもつのはおかしいが、慣用は理屈を超えるのである。

そういうことをおこすのが、第四人称である。第四人称には、はっきりした意味を固定しないで、新しい意味を生む力があるらしい。ドラマを見ている人は、第四人称的存在だから、劇中とまったく違ったことばの見方をして、おもしろがることができる。悲劇をよろこぶのは、現実では不徳であるが、現実を離脱した第四人称の観客には、ある種の美を伝える。道徳家、哲学者がそれを批判しても、第四人称は、虚構の美をすてることをしない。芸術は、第四人称から生まれると考えることができる。それが、おもしろい、のである。

第一人称、第二人称、第三人称の世界はほぼ、同一平面の上に存在する。落差がない。

ところが、第四人称は、そういうコンテクスト（脈絡）を超越して自由である。第一から第三人称までの実在から離れ、ときに、それを逆面から見ることができる。実在的な世界と対立するのは是非もない。

第一―第三人称の世界と、第四人称世界は、ただ、対立しているのではなく、落差をもっているのが重要である。

同一平面にあるのではなく、球面上の別々の存在であるように考えられる。

地球が球面体であることは、近世になって発見されたことで、それまで、世界は巨大な平面と考えられていたのである。

ところが、ことばの世界では、いち早く、世界が球面体であることを感知していたということが考えられる。

ことばが球面的世界ではたらいて、平面的論理から外れて、超論理の世界を創り出したのであるとすると、第四人称のことばが理解しやすい。

球面言語学

ギリシャが、虚構、逆説、美学においてかならずしも満足すべき成果を収め得なかったのも、三人称世界観にしばられていたためであろう。ギリシャの幾何学、ユークリッド幾何学が平面幾何学であったことは衆知である。そこから地球的世界観にもとづき、球面幾何学を創出するのに二千年近くを要したのである。

ことばの世界においては、いまなお、平面幾何学的思考に支配されている。平面言語も誤りではない。それなりに多くの成果をあげてきたことは認めなくてはならないが、球面言語学でなくては、とらえられない文化があることは否定できないであろう。

古典——第五人称

古典を生むのは「第五人称」

昔、というほどではないが、数十年前のことである。

ある日の朝刊に、びっくりする広告が載っている。自分の詩集を詩人みずからが喧伝しているのである。〝この詩集は千年読み続けられる〟といったことばが踊っている。

知らない詩人である。何を言ったって気にかけることはないのだが、そのとき、ひどく不快に感じた。作者が自分の作品をたたえるのは見ぐるしいが、がまんできないことはない。しかし、千年も生きつづける、などと言われたら、ハイ、ソウデスカ、と言ってはいられない。気はたしか？　そんな頓狂なことを考えてそれを新聞に広告としてのせるのは、何とも理解ない、と思った。

千年はオロカ、十年も生きる保証がない。それが文学であり、書物である。かりに十年、二十年生きのこったとしても、それは作者の手柄ではない。第三者の発見による。二十年では足りないかもしれないが、三十年くらいして、新しい目で読んでくれる人があらわれて、作品は生まれ変わる。原作者は立会うことのできないのが、この古典化のプロセスである。作者は多くすでにこの世にいないから、かりに生存していても、この古典化に立会うことはないようにおもわれる。その再生をすすめるのが、古典読者である。

ドラマを異コンテクストから観るのが、第四人称であるというのが、前節「第四人称」である。一方、この古典成立に必要な読者、享受者は、第五人称であるとすることができる。

第四人称は、作品を社会化するはたらきをもっているが、第五人称は、歴史的である。きのうきょうの作品は第五人称読者をもつことはできない。忘れられたかと思われる期間を経て、新しいいのちを見つけるのが、第五人称である。古典はおおむね、第五人称の受け手をもっている。原作品は、その間に年をとって、老いているのが普通である。

多くの場合、ほとんどすべてのケースで、この古典的変化は、原作と大きく異なった歴史的価値をもっており、それによって、古典作品は不朽になる。

作品は作者が創る。しかし、古典は、後の時代の人によって生まれる〝異本〟である。原本よりも、異本の方が生命力が強いのが注目されなくてはならない。原型のまま五十年生きることはできないのが、ことばであり表現である。

そこをしっかりとらえていないので、歴史が過去を再現できるという主張があらわれる。歴史は過去の忠実な再現ではない。そんなことは人間にはできないのである。ある期間を経て再生された過去が、古典になる。

それを声もなくすすめるのが、第五人称人間で、かくれ歴史家である。

古典を生むのは原著者ではなく第五人称の存在である。このことは、しかし、歴史学で認められていない。

したがって、歴史学は、古典を生むことも、それを生かすこともできない知識に終わっている。

文学史を学ぶものは、表現の歴史化ということについて、何も知らず、何も考えず、年代通りのものとして受け取るから、知識がふえればふえるほど過去がわからなくなる。そして、虚構の歴史をつくり上げてしまうが、それを正そうという思考は現われない。そしてフィクションが生まれるのである。

古典という「異本」

『源氏物語』は、世界的な作品と考えられているが、作品成立がはっきりしない。年代がはっきりしない。「西暦一〇〇三年、源氏物語　このころ一部成る」「(一〇〇七)この頃までに一部は　世に流布する」(新潮日本文学辞典)くらいのことしか、わかっていない。

現在われわれが見ることのできる写本は、鎌倉期になって生まれたものによっていて、その間は空白である。

ひところ、この空白について、大火湮滅《いんめつ》説がひろまっていた。京都に大火があって、古版本がことごとく焼けた、というのである。ほかの作品にも同じような空白期があって、この説、なかなかつよかった。

印刷以前の古い文献についての理解が欠けていたから、こういういい加減なことが通用するのである。

一般に、著作、作品は、同時代の享受者によって成立するが、その受容は不変不動のものではなく、次の時代において、取捨される。多くのものは消滅してのこらない。ごく一部のものが新しい享受者、読者によって、再評価されるが、その評価は同時代の受けとり方と大きく異なるのが普通である。次の時代に受け入れられないものは消滅する。

この亡失をまぬがれたものが「古典」になる。古典は、めったなことでは忘失されない。『源氏物語』についても、この古典化がおこり、それを生きのびたものが、後世に伝わったと考えられる。

『源氏物語』をはじめ平安朝の文学の多くは、この古典化の作用をのり超えて、古典となったのである、と考えられる。

そのふるいをかけるのは、もちろん、作者ではない。作品は大きく性格を変えないとこのふるいを通り抜けられない。

古典のテクストは、原作と同じであっても、もととは異なった意味を獲得していて、原作のコピーではない。もともと完全に同一のものは、古典化のプロセスを受けていないのと同じことで、長いいのちをもつことができず、消えることになる。『源氏物語』も、原作は、いまわれわれが見ることのできるテクストと、いろいろな点で異なっている。われわれはいくら逆立ちしても、千年前の『源氏物語』に接することはできない。われわれの読むことのできるのは、異本である。時代のふるいにかかった異本が古典、というわけである。

われわれ一般読者、それを代表する研究者は、作品を生まないが、古典という異本をつくることができる。作者では、そういう異本をつくることができない。

「雨ニモマケズ」の古典化

雨ニモマケズ
風ニモマケズ

ということばで始まる宮沢賢治の詩は、戦後もっとも有名な詩であるが、成立の事情がおもしろい。宮沢賢治が詩として書いたものであるかどうかを疑う人もいる。

どうして、そんなことになるのか。わけがある。この詩は、作者の生前には存在しなかった。作者の死後、遺品のトランクから出てきたから、作者がこれを作品として書いたかどうかがはっきりしない。

多くの読者の読む「雨ニモマケズ　風ニモマケズ……」は、原作と同じ形をしているが、他者の目でとらえられている点で、異本、つまり古典的テクストということになる。作者がこの文句を書いたコンテクストから、しかるべき歳月がながれている。それを、一般の読者は、詩の美としてとらえている。古典化して、名作にしたのは、作者の力だけではなく、古典化、異本化をすすめる受け手の参加があることを、多くの読者は気がつかない。

『源氏物語』の古典化

ふたたび、『源氏物語』のことになるが、この作品がおもしろいのは、さまざまな解釈を受け入れるところにある。異本化によって太っていくたくましさがある。多くの文学者が現代語訳を試みてきたことは、この作品の偉大さを裏づけるものである。

イギリスのアーサー・ウェイリーが、『源氏物語』を英訳したのは、その中でも目ざましい文業である。

ウェイリーはすぐれた芸術家である。たんなるコピーのような翻訳をするわけがない。英語表現にしにくいところは、どんどんカットした。日本文学の生命である和歌も、英語にしにくいこともあって、切り捨てた。文学の異本化、芸術の古典化ということに関心の低い国文学者たちが、その非を鳴らしたのは無理からぬところもあるが、文学作品は古典化によって不朽になるということを考えることもない学者たちの理解を得ることはできなかった。

日本の国文学者は、『源氏物語』に対して第四人称であり、さらに、時代を経て第五人称的であったアーサー・ウェイリーを理解することは到底できなかった。国文学者がいけないのではない。古い作品には第五人称の受け手、読者が必要であることを知らないから、第五人称による古典化の価値を解することができなかったのである。

第五人称的受け手によって古典になっているのは、もちろん、『源氏物語』に限らない。発表後五十年以上を経過した作品は、大、小を問わず、第五人称によって古典になるのである。

そのことを、これまでの文学史家は、内外を問わず気づかなかった。古典は原典がそのまま伝わっている、というような誤解から自由でなかったのである。

人物の古典化

古典化は、文学作品にのみおこるものではない。人物についても、認められる。Aという政治家は、在世中、そして歿後も長いこと、よろしくない人物とされていた。ところが、三十年、三十五年、四十年たつと新しい評価が生まれる。新しいというだけではなく、価値が逆転するのである。いわば悪人のように見られていた人物が、突如、すぐれた人物であると、評価される。どうしてそういう異変がおこるのか、はっきりしたことがわからぬまま受け入れられる。歴史はそれを追究することを怠っているから、歴史そのものの本質が問われるようになる。

すくなくとも、歴史は、歴史家たちが信じていたように過去を再現してはいない。第五人称世代を通過する間に、豹変する。多少の変化ではない。逆転である。悪人が賢人になる。善人は、それほどの変化を受けないで、湮滅することが多い。

ものごと、人間、事業などの評価は、時間的変化の作用を受けて、変動する。ただの変化ではなく、よくないものを改めてよいものと見るのである。よかったものは悪化作用を受けて消滅して残らないから、すぐれたもの、強きもののみが、生きのこって歴史をつくる。第五人称は、創造的である、ということができる。破壊的でないわけではないが、破壊は後に残らないから、存在しないも同然である。

おとぎ話の新しい観点

現代の文化は印刷文化である。印刷技術がいち早く確立したヨーロッパにおいても、グーテンベルク以前を考えることができないのである。

歴史学、歴史は、したがって、近世のもので、古い時代は、神話の時代である。神話を〝正しく〟伝えるものがないから、人類にとって、昔のことは、フィクションときわめて近いものとして残っている。

そういう観点からすると、おとぎ話が新しい光を放つようになる。

「むかし、むかし、あるところに……」というおとぎ話は、第四人称（あるところ）、第五人称（むかし、むかし）をかねて欠けるところがない。すくなくとも、第一人称、第二人称、第三人称の世界とは断絶している。

モモからこどもが生まれてもおかしくない。サルやキジがものを言っても、おどろくことはない。モモタロウが英雄なら、サルもキジもまた英雄である。ケンカなどしないで鬼退治に活躍する。鬼が島の鬼も、もとは、荒くれものとしてあばれていたにちがいない。

　それを第四人称のコンテクスト、〝あるところ〟でつつみ、さらに、それを、〝むかし、むかし〟という第五人称でつつみ、おとぎ話が生まれた。英語のおとぎばなしが、Once upon a time（かつてあるとき）で始まっているのは、日本と同じであるが、第四人称が、ただ、there（そこ）とあるだけで力不足、第四人称力の弱体を暗示すると言えないこともない。

　外国のまねで始まった近代日本文化の歴史が、第四人称、第五人称の伝達を考えないできたのは止むを得ないかもしれないが、しっかりした第四人称文化、第五人称文化を認めれば、われわれの世界観は大きく変化しないではいないだろう。

　歴史的世界を理解するには、第四人称、第五人称の視点が不可欠のように思われる。第四人称、第五人称を承認すれば、われわれの世界は無限のひろがりをもつことが可能になる。すでに、おとぎ話で、その一部が垣間見えている。

成熟

大学紛争三十年後

モモ、クリ三年
カキ　八年
ユズの大バカ十八年

こどものころ、そういって笑っていたが、あるとき、これにつづけて、

思想は超バカ、三十年

という文句を思いついた。

いまでは夢のようになったが、大学紛争花やかなりしころのことである。進歩的な知識人、学生が、おとなしい人間を圧迫、軽べつした。〝ノン・ポリ〟の

かなしさ、反論するテクニークがない。じっとこらえるしか手がないのである。しかし、ものを思わないわけではなかった。イデオロギーをふりまわす連中を否定する思考をはぐくんでいたのである。五十年近い〝むかし〟の話である。つとめている大学も紛争にまきこまれていた、と言うより、一方の拠点だったかもしれない。

ある朝、行ってみると、門のところで、ピケを張って、〝通せんぼ〟をしている。構わず門を通ろうとすると、殺気立った学生がどっとかけ寄ってきた。口々にわめき散らすから、学生の言っていることがよくわからない。ハラを立てて、

「わけのわからぬことを吹きこまれて、興奮しているのはみっともない。キミらに思想なんか、ありはしないのだ。もっとも、三十年たっても、同じことを言えるのだったら、キミらの思想とやらを認めてやる」

とタンカを切ると、学生が、〝ウォーッ〟と叫んだ。なかなかおもしろかった（こちらは、戦争中、敵の国、イギリス、アメリカの言語、文化を勉強した人間である。ひと通りの苦労はしている。どこかで進歩的ポーズを教わってきた連中などに負けるわけにいかない。保守反動と言われたが、われわれ戦中派は保守も反動もない。もちろ

ん進歩的思想などというフィクションにカブレル趣味はない。目の前の学生が、かわいそうに見えた）。

人間は、やはり、生きてみないといけない。ピケの前で、〃三十年たって……〃と言ったその三十年が夢のように過ぎた。ピケを張っていた学生たちが、クラス会をした。どういう風の吹きまわしか、昔の教師に案内をよこした。ピケを張っていた学生もいるクラスであるから、おもしろ半分、出席した。

各人が短いスピーチをした。ピケの勇士が立ち上がって、

「われわれはあまり勉強しなかったが、先生たちにはもっと勉強してもらいたかった……」などと言っている。紛争のことなど覚えていない風であった。じっとこらえていたこちらはバカみたいだった。

古くならないもの

考えてみると、三十年たっても同じことを考えているのは、正常ではない。ホメられることでもない。自分で考えたことでない場合、ことに、そうである。人から吹き込まれたことを三十年一日のように覚えているのは、むしろおかしい。夢のように忘

れるのが健全なのである。

いま食べごろの果物は十日もたてば食べられなくなる。くさりかけの果物をいつまでもありがたがるのは賢明ではない。新しい果物を手に入れて、古いのはすてるのが常識である。三十年も食べられる果物など、この世にそうそうあるものではない。昔のことは、忘れるに限るのである。

それはそうだが、古くなっても古くならないものがあることを忘れてはいけない。そう考えるのも知恵である。ただし、それは、ただ知識が古くなったのではない、ということは、長い間、気が付かなかった。

母の教え

文化的にはまったく不毛の土地で育った。知的活動というものがわからなかった。教える人もなかった。長い間、そう考えていたが、三十歳くらいのときに、そうではない、頭を使うことを教えてくれた人がいるのに気づいてびっくりした。母である。

五、六歳だったこちらに、いろいろ、話をした。あとで、ツルカメ算だとわかる話をしてくれたこともある。算数のよくできるのがよい頭らしいと思うようになるが、はっきりそう教えたのではなく、そう思うように、仕向けた。小学校の先生はなんとなく、つまらない人間だと思うようなこともあったが、母は先生の言うことをよくきけと言った。こちらは、対等に扱ってもらうように錯覚、母をしたった。

しかし、それはながくは続かなかった。小学三年のとき、母は風のように消えてしまったのである。それで、母は必死になって、いろいろなことを教えてくれたのだ、ということが、ボンヤリながらわかり、深いかなしみを味わった。

寺田寅彦

中学三年のときである。ものを考えるのはおもしろい。常識の裏におもしろいことがかくれているらしい、ということを教えてくれる文章に出会う。

国語の教科書に載っていた寺田寅彦の「科学者とあたま」という短いエッセイである。それまで考えたこともないことが書いてある。びっくりする。おもしろいと思った。そのおもしろさは、それまでのおもしろさ、と違っている。くわしいことはわからないまま、つよく心をゆさぶられた。しかし、すぐわかったわけではない。

三年して東京の学生になったが、寮の図書室に、出たばかりの寺田寅彦全集があった。

その日から読みはじめた。あらゆることをさしおいて、寅彦に没頭した。あっと言うまに読み上げ、しばらく、間をおいて、もう一度、読んだ。ていねいに読んだ。人間がすこし変わったみたいに感じた。

いい気になったが、あとがいけない。自分がいなくなってしまったような気がする。ことごとに、寅彦が顔を出す。自分がどこかへ行ってしまったようである。これはいけない、とは思わなかったが、自分を見失って、自信をなくした。

学校の勉強、英文学の読書を人なみにしたつもりだったが、すこしもおもしろくないのである。

それから何年も知的不毛に苦しむ。自分のことばでものを考えることができない。いちいち寅彦が顔を出すような気がした。自分の文章など書けるものではない。

やっと大学は出たものの、自分がどこにいるのかわからない。書かなくてはいけないものがいつまでたっても書けない。知的不毛に苦しみ悩む。見兼ねた友人が勉強会をつくろうと言ってくれて、無間地獄から這い出すことができたようである。十年近い歳月が流れていた。寅彦は、頭の中で静かに大きくなっていたようだが、それに気づくのは、さらに十年以上後のことである。

その間、頭の中の寅彦にはカビが生えたようであった。淋しい気持もしたが、そのカビが案外、おもしろい、と気づくのは、さらに十年後である。はじめから、三十年たっていた。

はじめて、寅彦に教えられたと言えるようになった。

たまたま、ピケの学生たちにタンカを切って、いい気分だったが、寅彦は渋い顔をしていただろうと思うとすこし恥ずかしかった。

良書は危険

三十年して、すこしわかったような気がしたところで、自分の考えをつくろうということに心を決めた。

まず、知識と思考を区別する。いくら知識がふえても、それだけでは不充分。自分の頭で考えて、これまでなかったことをつくり出す、発見する。創造するのを目ざしたいと考えた。

本を読む。よい本を読む。だんだん引きこまれるように感じる。もとは、そうなると力を入れて突っ走って、読み上げる――そういうことをくり返していたが、あるとき、気が変わった。たまらなくおもしろく、こわいくらいになると、思い切って、本を閉じる。そして、それまで読んできたことも忘れようとする。なかなか忘れることが出来ないが、読んできたあとに、残曳《ざんえい》が生じる。それがおもしろい。そこから新しいことが頭に浮かぶこともある。それまで読んできたことの残曳かもしれない、そうでないかもしれない。とにかく刺激的でおもしろい。これを半分は自分の独考だと考えると、新しいことを考えるのが、ずっと楽になる。半分以上、自分の考えであるが、完全な創見ではない。しかし、単なる模倣ではない、半分独創になる。

そういうことを考えていて忘却の意義を見つけたように思う。

そういうことを繰返していて、やはり本を読むのは危険だと思うようになり、本、ことにすぐれた本は読まないようにした。良書を読んでその影響からのがれるのは困難である。知らぬが仏、読まなければマネたくてもマネられないから安全である。

陶芸三十年

やはり小学生のころのこと。図工の時間は変わった先生に教わった。図画など一枚もかかせない。こどもに粘土のかたまりを渡し、好きなものを作れと言われる。みんなお化けのようなものを作っておもしろがった。まとめて素焼きにしてあとで返してくれるのである。

先生は生徒を放り出して、ひとりロクロに向かって、土と戦っているように見えた。こどもにも鬼気のようなものが伝ったのか、みんな神妙に自分の土をひねった。小学校の六年間でもっとも印象的な授業だった。

それから三十年余りたったころ、わたしは仕事を半分失った。することのない時間ができてあわてた。何かしなければだめになってしまう。いちばんおもしろいことを始めようと思っていて、小学生のときの焼きもの、あの先生の姿を思いおこした。

よし、陶芸をやろうと決心。みんなに、反対されたり、笑われたりしながら、大学の学生用のロクロ場にまぎれこんで、ロクロをまわした。夢のようだった。もちろん時を忘れる。朝、九時ごろにはじめて、ちょっと一服しようと時計を見ると、午後三時をすぎている。そういうことが何度もあったが、疲れたと思うことはなかった。

そういう生活を続けたとき、生活に大きな変化がおこり、ロクロ場から離れなくてはならなくなった。それからは余生のようである。

やはり、三十年して、〝中景〟になったのである。

かつていっしょにロクロをまわした何人かのうち、プロの陶芸家になったのはひとり。その作品展を見に行って、昔の日々を思いおこした。興味はひとときのことが多い。夢のように消えるのである。何とか、三十年の壁をのり越えることができれば、おもしろい花がさくのである。

川喜田半泥子《かわきたはんでいし》は三重の銀行の頭取であったが、陶芸家として不朽の名を残した。ほかの名工と違った味わいのある作品を見ると、おもしろくてたまらない仕事から生まれるのが不朽の価値をもっていることを教えられる。

寿命がのびたおかげで、三十年の円熟を迎えるのが、かつてほど難しくなくなった。円熟のおもしろさを引き寄せることが、昔ほど困難でなくなっている。そう考えると元気が出る。

意味・解釈、ヒューマー

パラグラフ

ことばに意味がある。

小学生は、そういうことを考えない。

外国語を学んでしばらくすると、意味が気になる。わからないことばの意味は、辞書をひいて知る。かつてはそうであったが、このごろは辞書をひかないでも、語註などが教えてくれる。学習としては進歩である。

小学校の高学年になると、「つぎの段落の大意をのべよ」といった問題をのせる学習参考書があらわれる。

段落、大意って何？　教わっていないから見当もつかない。それで国語がきらいになった子がいたはずである。

段落がわからないのは中学生でもおなじ。英語でパラグラフというが、パラグラフがどういうものであるか、はっきりしたことを教えられる英語教師は、いまでも、限られているだろう。

ことばには、語、句、文があることは教えられるが、その上にパラグラフ（段落）があることは教わらない。文（センテンス）が最大の単位だと思っている。

ところが、かつての入学試験などでは、パラグラフの意味を問うた。受験生は、パラグラフについてまったく無知であるから、センテンスを訳していけばいいと考える。わからない。難しい。抽象的である。いくら読みかえしても、歯が立たない。ことにはじめがこんなに難しくては、先が思いやられる。わかるはずがない、とあきらめて、白紙にする。

そうして、失敗したものが、明治以来、どれくらいあったかしれない。

パラグラフというものを知らなかったのは実にいたましいことで、それで外国語がきらいになった日本人がおびただしくあったはずである。

戦後になって、入試がこういう問題を出さなくなって、いよいよ、パラグラフがわからなくなった。

パラグラフはセンテンスの上の単位。印刷して七、八行。たいてい三部分にわかれる。

はじめの部分は二、三行。動詞は現在形、抽象的な表現で、日本人にはもっともわかりにくい。

つづいて、具体的なことをのべる部分。そして最後にまた抽象的な文章でしめくくる——というのがパラグラフの構造である。しっかりした文章はこのパターンをもっていることが多い。

パラグラフは冒頭のA、まん中のB、締めのCの三部からなっていて、理想的にはA・B・Cの三つが同心円のように重なっているのである。そういう文章を読むと頭がすっきりするような感じを受けるのである。

日本人の英語は、そこがつきとめられないことが多くて苦労する。試験問題ではたいてい、パラグラフの理解を問うのだから、パラグラフをしっかりとらえることがきわめて大切である。漢文の読みになれてきた日本人はその点で欠けるところがあって、外国語の理解に苦しむことになった。

いまは、あきらめたのか、外国語の意味を問題にすること自体がすくなくなったが、意味がよくわかっているからではなく、意味をつきとめようという知的作業をさけるためであることが一般に気づかれないが、さらに、気づかれないことに気づいていない。

力のある受け手

ことばの意味は、正しいのがひとつあるように考えるのはこどもである。その意味は、書き手の考えるもので、そのままが、受け手、読むものに伝わると考えるのも、幼稚な思考である。

ことばがAという意味で使われたとき、それがそのまま、受け手に伝わる、受け手が受けとると考えるのも空想にすぎない。AはA′として受け手に理解される。ときにはBとかCとして受けとられることもある。これは誤解として否定されるけれども、ときにおもしろい誤訳ということもないではない。力のある受け手がこういう善意の誤解をおこすことがある。

受け手がそれほどすぐれた理解力をもっていなくても俳句のような高度の表現につ

いては、受け手はかならず送り手の意図した意味とは異なった理解をする。両者が完全に一致するなどということは、実際にはおこり得ない。いくらノンキな教師でも、俳句の意味を問題にすることはない。採点者の意味は、送り手、受け手と異なる第三の意味ということもあって、始末がわるいのである。わかりにくい、あるいは、未知のことばを辞書で知るというのは、第四の意味があらわれることで、いっそう混乱する。

これまで、ことばの意味は、言った人、書いた人、つまり送り手の考えたものであるときめてかかっていたから、始末がよかったが、それを唯一の意味であるように考えるのは送り手中心文化の古い考えである。

ことばの意味は、送り手の意味と受け手の意味の合力によって生まれる新しい意味であると考えるのが、受け手がつよくなっているところでは自然な考え方である。

受け手と送り手の関係は流動的で、もともとは送り手が優越していて、その意味が受け手を圧倒するような場合でも、三十年、五十年すると、受け手の解釈が、送り手の意味を押しのけるということがおこる。古典といわれるのは、受け手の意味が、送り手の意味と対等になったときでないと、生まれない。

外国語の読者は、まず、作者、筆者の意味を凌駕することが難しい。だから、外国人の受け手が古典を生むことはない、と常識的な人、専門家はきめてかかるのは自然であるが、古典になると話は変わってくる。

求められるヒューマー

文化が若いとき、ことばの送り手になるのは、ちょっとした特権であった。だれにでもなれるというわけではない。いろいろ条件に恵まれた人が、ことばの送り手、書き手、筆者になることができた。文化の貴族である。受け手だって、だれでもなれるわけではないが、送り手とは格が違う。

小学校の児童が、授業のはじめに教科書を開くとき、おしいただいて、軽くおじぎをするようにしつけられていた。あばれん坊も、しおらしく教科書をおしいただいた。床の上へ本をおとすのはいけないことである。それをふんづけるのはたいへん不敬だとされた。

受け手は送り手をとくべつえらい人だと思うようにしつけられていたようである。それをあこがれたものが、文学青年になった。文学少女になった。

そういう受け手にとって、送り手は仰敬のまとである。送り手の意味というものがあるなら、それが絶対的で、受け手の意味をもつことは不敬の業《わざ》のように思われていて、沈黙の読者が生まれた。

政治や経済において、受け手が力をつけて、デモクラシー、消費者優位の文化が大きくなっても、ことばの文化においては、受け手は認知されなかった。すくなくとも、送り手と対等な受け手ということを考えることがなかった。進んでいるのか、遅れているのか、ではない。強いかどうかである。

高等教育の普及は送り手も強化したが、それ以上に、受け手を育成し、賢い受け手が増加したのである。おっとり構えた送り手が、昔ながらの作り話をつくっても、新しい受け手はかつてのようには喜ばなくなった。

新聞・雑誌は送り手のチャンピオンであるが、受け手の注文にこたえるのに苦労する。読者が伸びない。それどころか、うっかりしていると読者から見すてられる。送り手は、あわて、あせり出しているように見受けられる。

まだ、ごく一部だが、カネを出している読者はことば文化の主役になりうると感じる人たちが本離れ、活字離れをおこしている。

さすがに送り手もいくらかアワテ気味で、どうしたら読者を満足させられるか。これまで以上に気をつかっているように見受けられる。

受け手は、いよいよ、気難しくなって、新しいことば、新しい表現を要求する。いまの受け手は退屈している。刺戟を求めている。しかし、切ったはったの凶悪事件のニュースなどはお呼びでない。もうすこし味のあることばがほしい。そう考える知的読者がふえていることは、社会として喜んでいいことで、送り手は、そういう受け手をいささか扱いかねている。

ただ新しいというだけのニュースらはキカイが提供してくれる。退屈気味の新しい受け手は、受動的主体性ともいうべきものを、それとは気づかずに求めている。具体的に言えば、事件のニュースはおもしろいが、なにか欠けている感じである。ケバケバしくはないが、読んでいて、ニンマリ、なるほどネ、これはおもしろい。そう思えるものがあれば、すこしくらい高くても手に入れようとする。知的興味、おもしろさがほしい人たちがかつてないほどふえている。放置しておくのは、送り手の怠慢であるかもしれない。

おもしろさは、解釈する受け手にとって、もっともおもしろいが、そういうことばを見つけるのは、高度の知性を必要とする。

その知的おもしろさをつくり出すのが、ヒューマーである。われわれの国は、真面目、正直を大事にするが、古くからヒューマーに欠けていた。ユーモアということばはあるが、知的興味のもとヒューマーとは異質である。

世界的に見てもヒューマーを解し、喜ぶ社会は少数である。イギリス人はヒューマーにかけては先進的であるが、アメリカは及ばず、ジョークを喜ぶ。フランスはフモールを大切にするが、実直なドイツ人の笑いは知的興味に欠けるように見受けられる。日本はそういう国々と比べて、はっきり、おもしろさが欠けているように見受けられる。

人工知能も、新しいおもしろさの創出には手を焼くであろう。高齢化社会では、これまで以上に、知的興味が求められる。

第五章　伝達のツール

受け手

送り手が稀少だった時代

モノゴトの価値観が大きく変ろうとしているように感じられる。

もっともはっきりした形をとっているのは、工業先進国における、消費者力である。ずっと、生産者の造るものを奪い合うように求めていたのが、生産技術が向上して大量製造がそれほど難しくなくなると、一部で生産過剰になり、消費者が生まれるようになる。

気の早いところでは、〝消費者は王様〟の考えがまことしやかに広まっている。それは行きすぎかもしれないが、これまでの生産上位、消費従属の関係がすこしずつ変わってきたことは認めなくてはならない。

稀少価値は、本質的ではない。需要をこえてつくられるもの、生み出されるものは、価値を下げるのは経済の原則である。

これまで、製造能力が、需要をみたすことができなかったから、きわめて多くのモノが、稀少価値を与えられていたのである。大量生産によって、稀少価値は消滅するのが道理である。

文化についても、同じことが言えるはずであるが、文化はモノのように、需給関係がはっきりしない。それで、作者、送り手は、稀少価値を当然のように受けることができた。作者が天才のように見られるのも、作者が稀少価値を生む力をもっていたからで、稀少価値は天才のみによって生ずるとは限らない。

「読み・書き」中心のリテラシー、識字能力の教育はまだ幼い段階にある。かろうじて、必要なことを文字にし、それを曲がりなりにも理解するのをリテラシーと称するのは、おくれた社会である。

その程度の知識社会において、ことばの送り手として文章を書き、本を出すというのは、それ自体稀少価値をもっていた。一般読者の間に作者信仰が生まれたのは、自然である。読者は、そういう作者の文章を読み、理解することで、みずからの知性、ことばの能力を高めることができた。文学青年が生まれた。一種のエリートであるように考える文学青年もすくなくなかった。文学青年は、ことば、文章、著述の消費者であることをはっきり自覚しないで、作者のようになったと錯覚したのである。文学青年が作家、詩人になることは、普通考えられているほど容易ではない。

文学、知識においても、送り手と受け手とのへだたりは大きい。ちょっとした努力くらいでそれを乗りこえることは難しい。

出版という事業が難しいことは、百年くらいわからなかった。その間でも、書物を生産することが、経済的に危険であることをわきまえていた人は、文学、書物の生産者になることをむしろおそれた。金を貸すのが仕事の銀行も、出版社に融資するには慎重であった。

「読み」に偏った教育

一方で、受け手、読者はどんどん増加した。出版社や著者の努力の結果がまったくないときめつけては不当であろうが、学校教育のおかげである。

学校は、小学校から、文字を読むことに全力を入れ、ほかの教科をないがしろにした。国語の教育がもっとも活発であったが、読む教育に徹した。かつてはそれを「読み方」と言った。〝書き方〟の時間もあったが、文章を書くのではなく、毛筆で文字を書くのであった。文章を書くのは綴り方と言って、正規の時間割に出ることはない。ときどき、宿題が出て、こどもは作文を提出する。教師がどれくらい力を入れて読むかわからない。短いコメントでもつけるのは良心的教師である。

つまり、ことばの読み手の教育で、文章の書き手は自学にまかさなくてはならない。そんな難しいことがこどもにできるわけがないから、読めても書けないという人間を育てることになった。

それとは別に、文章のうまいこどももいたが、めぐまれた少数である。偶然にしかあらわれなかった。

入学試験などでも、文章力を問うことはほとんどなかった。さすがにおかしいと考える人もいて、小論文を課するところがあらわれた。

おもしろいことに、小論文を問題にしたのはもっとも優秀な受験生を集める医学部で、文学部などで、そんなしゃれたマネをするところは例外的以上に少なかった。

日本のことばの教育は、百年、読者養成に終始していたといっても過言ではあるまい。

そういう偏ったことばの教育を受けてきた日本人は、外国語を読むに当たって、たいへんな苦しみを受けなければならなかった。

母国語でも、書き方をおろそかにしてきたのである。英語のような未知のことばをどう読んでよいのか見当もつかない。明治のころ、漢文式に返り点をつけて意味をとることが実際に行われたのである。

単語の意味は曲がりなりにもわかるが、センテンスになると、見当もつかない。まがりなりにも、センテンスの意味がとれるようになるまで、三十年くらいかかった。

日本中の英学者が努力して、「英文解釈法」という公式を考案し、はじめて、英文を日本語にすることができるようになった。はなはだ不完全ながら、英語の読者が生まれたのである。近代日本の知性が受けたもっとも大きな成果である。現在において、「英文解釈法」を批判することは可能であるが、おびただしい翻訳が出版されるようになったのは、この解釈法のおかげであることを忘れてはなるまい。

主体性を欠いた受け手

「英文解釈法」は英語・英文の理解に貴重な知見を与えたけれども、独立した受け手を育てる力を欠いている。キカイ的であり、没個性的である。おもしろい訳文をつくるにはほとんど無力である。近代日本文化において、おもしろい翻訳がきわめてすくないのは、解釈法という公式にしばられているからで、訳者の能力欠如ではない。

読者は、作者、筆者とは違った〝スタイル〟をもっていなくてはならない、ということが、翻訳の流行によってかき消されてしまった。

読者はいつまでも、筆者、作者ばなれができないで、一方的に支配されるというのが常態になった。

多くの才能が、外国語理解のために浪費された。いたましい歴史であると言わなくてはならない。

自己認識力をもった人たち、常識を疑う力をもった人たちが、外国語学習の意義に疑問をいだくようになった。都会の頭のいい学生は外国語履修というようなことの限界を直観してか、外国語志望をすてて、科学などに心を寄せるようになった。自分たちの知的出自を消すことを望んだ人たちが、外国語を専攻しようと考えた。強い受け手が生まれなかったのはむしろ当然である。

外国語によって送り手、主体的になることは、まず、あきらめなくてはならない。すぐれた受け手になることはできるはずであるが、文化的自尊心の充分でないところでは主体的受け手になることなど問題にならないのである。

多数決の例外

送り手が受け手に対して優位に立つのは、昔からのきまりのようなものである。現在もその流れは実在する。権力をもったものが、無力なものを圧倒、支配することで社会的秩序は保たれると考えられた。権力者はつねに少数派であるが、それを疑問とする思想は教育しなかった。

「力は正義なり」(Might is right) を人々は当然のことのように受け入れたが、現在においても、有力な原理でありつづける。

そういう思考を否定するのが、多数決原理である。どんなことでも過半数を制すれば、正義になる。「力は正義」は「多数は正義」と張り合うことになり、はげしい競争のあるところでは、多数決原理が、権力原理をのりこえたのである。

その点で政治はもっとも進歩的である。選挙で、多数を制することができれば、勝者であり支配力を得ることができる。総選挙は、多数決原理を確立させた。デモクラシーは多数決原理によって育つ。権力をもたず、弱者であったものも、多数決原理によって、権力を手にすることができる。

それは、しかし、政治を中心とする権力抗争のことであって、デリケートな文化、芸術に及ぶことはすくない。芸術作品の優劣が多数決できまる、などということは、現在において異端である。

産業、経済は大まかな思想の世界であるが、政治に近いと言ってよく、多数決原理もほかの部門より早く受け入れられた。新しもの好きなアメリカは、いち早く送り手の生産者を受け手の消費者と競わせ、数において上まわる消費者を勝者にして〝消費者は王様〟を打ち出した。受け手の勝利であるとしてよい。価格決定も従来、送り手の特権であったものが、消費者側に移り出した。出版物、展示見本などだけが、メーカー側で〝定価〟をつけることのできる特別商品になった。

つまり、書籍は、例外的である、ということである。したがって、その読者は、〝王様〟のような消費者にはなれない。

読者は、著者、作者に対して、つねに弱者であったが、外国の作品の読者はもっとも弱い受け手である。

そのことを知らずに、外国の本を読み、それに学ぼうとするのは、哀れなことであるが、外国の本が読める、外国のことが、わかっている、ということが社会的価値をもっているから、弱い受け手は、ときに誇りをもって、みずからの、あわれな立場を忘れる。

明治以降の日本のエリートはほとんどすべてが、この弱い受け手の努力を強いられた。主体性を奪われた。送り手ののべることをほとんど無条件に受けたが、その自覚はなかった。あわれな受け手である。

敗戦国の受容論

アメリカ、イギリスを相手に戦争をするというおどろくべきことが始まったとき、日本人の知識人の大半をしめていた英語習得者は、自分たちの立場をはっきり理解することができなかった。英語を知ってはいるが日本語の知識が充分ではない。敵である英米のことばを母国語以上に学んだのは悲劇的であるが、そのことをはっきり認知する思考力に欠けて、呆然自失した。

戦争が終わると、すぐまた、元へ戻って、模倣語学に努力した。それを喜ぶ風潮すら認められた。

そんな中で、ごくごく一部に、日本人は英米のために英語、英文を学んだのではない、という、ゆるやかなナショナリズムが芽生えたのである。エリート集団でなく、いくらかおくれていると見られた英語人の間に見られた。それが順調に力をつけて行けば、新しい受け手が生まれるところであった。

そうはならなかった。やみくもの海外、外国模倣が流行、政治的、社会的に新しい思想の後追いをするのが流行。思考が影をひそめて、行動的進歩を叫ぶのがエリートであった。

そのために、新しい、知的個性をもった受け手が消えてしまったのは、とりかえしのつかない不幸であった。強い独立性をもち、送り手に影響を及ぼす受け手は、夢のように消える。

日本の外国語読者は、世界でもっとも非創造的、模倣的受け手であると考えることができる。いくつもの偶然の結果であるから、それをとやかく言うのは無駄なことかもしれない。

ただ、ごく一部に独立性のある読者があらわれたことは注目されてよいであろう。イギリスやアメリカとまったく異なった読み方をする、異端の読者があらわれはじめたところで英語英文学が一般の関心からはみ出した。

文学、語学における読者論がもうすこしのところであらわれるように思われる。消費者が王様という思想は大きな支えになるはずである。読者論が確立すれば、日本人の苦労も報いられることになる。

弱者である受け手の自立には、弱者の苦しみが必要であるらしい。その点で、日本の敗戦は貴重である。戦勝国で新しい受け手文化が育つことは考えにくい。戦争に負けた日本は、弱者・受け手の力を自覚する点で世界をリードできるはずである。

日本で受け手論、読者論が試みられたのは一九七〇年代からであるとしてよいが、もちろん、当時、そんなことに関心をいだくものはなかった。

十年以上たったころ、西ドイツにおいて、受け手論があらわれた。これは、ただちに世界的関心を集める「受容論」として、注目を浴びた。日本もおくれじととびついたものの、基本的な受け手文化の哲学を欠いていたためまったく不毛に終わった。

おもしろいのは、敗戦国のドイツに受容論が生まれたことである。敗戦が文化に与えた影響のうち、受容論はもっとも注目されるべきものである。

受け手優位の消費者論が、この文化的受け手の考えと合流するようなことがあれば、新しい知的世界が展開する。

受け手はようやく、送り手と対峙できる状態になろうとしている。

読者は王様にはならないが、古典を生む力をもっている。有力な受け手が多くなればこれまでとは違った古典が生まれる可能性は小さくない。

放送

「放送」の誕生

この八十年、日本の社会は見ちがえるほど変化したが、いちばん大きな変化をもたらしたのは、テレビであったとしてよい。

「一億総白痴化」であるとして新しいメディアを批判した批評家もいたが、テレビでものの見方、考え方を知らず知らずのうちに変えた人がどれくらいあったか知れない。

テレビを正面切って批判する思想家もないまま、テレビは世論形成においてもっとも大きな力をもった。テレビをマスコミの柱と考える人は多くないが、マスコミの主役にテレビのあることを否定することは難しい。出版に比べて即時性にすぐれていることで、人々の知覚、思考に大きな影響を及ぼしている。

その中において、見すごされていると思われるのが、送り手中心の情勢である。受け手のことをしっかり考慮しているコミュニケイション、ことにマスコミはいまだあらわれていない。

放送のはじまりは、テレビではなく、ラジオである。もちろん日本で生まれたのではなくイギリスの放送をそっくりマネたものである。

イギリスでラジオ放送を始めたのは、ブリティシュ・ブロードキャスティング・コーポレイション（British Broadcasting Corporation, BBC）である。それをそっくりマネて、ことばも同じようにして日本放送協会が生まれた。NHKはその頭文字である。ブロードキャスティングを〝放送〟と訳したのはみごとな手際である。もとのブロードキャスティングは、broad（広く）＋cast（投げる）なのでバラマキを連想させて、決していいことばではない。それに寄り添いつつも、広く情報を発信する意を示す〝放送〟は名訳以上のものである。

それはそうとして、ブロードキャスティングが送り手の発信であることは、反省されることがなかった。放送とはいかにも、受け手をバカにしている言葉ではないか。送り手が受け手を考えていなかったことははっきりしている。

さすがに、放送者のことをブロードキャスターとは呼びにくかったのだろう。アナウンサーが放送することになった。アナウンサーも、言いっぱなし、受け手のことを考える必要はない。

その点をつ、く受け手が、イギリスにはいち早くあらわれたらしく、BBCは、早々と、「きき手」(リスナー Listener)という月刊雑誌を出して受け手の不満をやわらげた。まねをしたNHKには、その配慮がなかったから、〝放送〟が送り手中心で、受け手への配慮が不足しているのではないか、という不満があっても、反映させることはできなかった。

受け手はもっと強く

もともと、ことばの表現は、送り手本位におこなわれてきたもので、一方的である。受け手は存在しても、名もなき存在で、その反応などを気にする送り手はなかったにひとしい。送り手は、当然のように、受け手の上位に立った。受け手は送り手に敬意をいだくのが正常で、作者信仰の読者を生んだが、それを反省することは出来なかった。作家論は山ほど出ても、読者論的考究はほとんど皆無である。

ことばに比べると政治は進んでいるのか。いち早く、主権在民、民主主義の考えが受け手の力を示すようになった。デモクラシーは受け手の思想である。それが進んだ社会であるとするのは革命的であるが、多数決の原理がはたらいて、急速にひろがっている。

モノの世界は、思想の世界ほど変化しにくい。保守的である。産業以外の世界でもデモクラシーの考えが芽生えたのは、政治的デモクラシーのすすんだアメリカであったのは不思議ではない。経済、商業において、弱者であった受け手、消費者が急速に力をつけ、弱者から強者へと変化した。気の早い人たちが、その新しい受け手を見て、〝王様〟だと言ったのは、すこし早まっているが、方向は間違っていない。

それに比べて、ことばの変化はいかにも遅々としている。送り手優位はほとんど反省されることがない。もっとも先端を往く、マスコミの世界でも、送り手中心の考えはほとんど変わることがない。

そのために、マスコミの受けた利益ははかり知れないものがある。力のある放送、出版が、反省のにぶい受け手を相手にするわけがない、送り手の暴走をとがめる受け手もなく、送り手は自活力、自制力を失ってきた。それに気づく少数の受け手たちは、発言力がないまま沈黙している。

ブロードキャスト、バラマキが放送だと見得を切っているのに、おかしいのではないかという声はついぞおこらなかった。

マスコミということば自体が、はっきりしない。反応力を欠いているマスを相手にしているというのかもしれないが、受け手のことはあまり考えないのである。自由なことを、バラまく。その結果については、考えない。面倒なことは、あらかじめ回避される。

受け手の身近なことは、さしさわりがあるおそれがあるから、天下国家をことあげする、ということもありうる。

送り手は、取材をしてニュースをつくるが、都合よくいいニュースがころがっているはずがない。事件の集まる警察はありがたい取材先になる。お役所の記者クラブはもっと大切な取材源になってくれる。どこも似たりよったりの記事しか送らなくなるから、新聞などは、かつてのように併読紙をとるというような必要はなくなる。

小さなことでもいい。おもしろいゴシップが読みたいとひそかに思っている受け手はすくなくない。

それでも、新聞には〝投書〟のページがある。採用されることをたのしみに投書をつづける読者もいる。かつてはさかんであったが、読者の高学歴化に反比例して、投書読者はすくなくなったように思われる。新聞記事に対する感想は、あまりおもしろくないが、受け手が心うたれたような事柄を文章にしたものには、目を見はるものが、ときにある。

イギリスの新聞読者はおもしろいことを報じる。新聞社は〝投書〟などと失礼なことは言わない。「編集主幹への書簡」Letters to the Editorというページがあって、社説のページのとなりである。

おもしろい。浮世ばなれていながら、生活を忘れない。こういう文章をどんな人が書くのだろうか、と思って、末尾を見ると、名のある政治家だったりする。

ラジオ、テレビの受け手は、新聞の投書に当たるものをすることができない。それを意識するものがないのであろう。問題になったことがない。いかにも「バラマキ」（ブロードキャスティング）にふさわしい?

受け手がもっと勉強しないと、マスコミということば自体が空虚になる。それにつけても、バラマキである放送をおかしいと思わないのはいかにもおかしい。受け手の幼さを示すものである。

政治における有権者、経済における消費者が、送り手をおびやかす力を得ようとしているのを考えると、コミュニケイションの受け手がいかにも弱いと考えないのは、不思議である。

天気予報がおもしろい

ことばの受け手は、独自のスタイルで、その力を示しつつある、とも考えられる。おもしろくない、ということを、絶縁というカタチで示す、ことに若い人たちがあらわれているのは注目しなくてはならないだろう。

自分の声を伝えられるケイタイ電話が多くの人たちの心をとらえたのも、受け手が主張できるからである。マスコミが、受け手を半ば黙殺していたのに、電話は、送り手と会話できる。おもしろくないわけがない。ラジオ、テレビの受け手が不満をいだくより前に、本の読者は、読者であることをやめることで受け手の個性を主張することができることを発見して、本離れをおこす一因となった。

本の編集をする人たちが、読者にかわって受け手の力を示すことになったのかもしれない。受け手にとって〝おもしろい〟本がすくなくなった。

ラジオ、テレビの受け手も、いくらか、似たような反応を示しているのかもしれない。みんなでワイワイ、わけもなく笑っているようなものは、送り手にはおもしろくても、受け手の心をゆさぶらない。もっとおもしろいモノを、という受け手は、テレビ離れするのである。

だれに向けているのかはっきりしないドラマなども、だんだんおもしろくなくなる。ことに現代がいけない。わけのわからぬ時代劇はまだ受け手のイマジネーションを刺戟するが、現代の茶の間のドラマをつくる技術がない。しかたなく、意味のアイマイな歌謡曲、ワケもわからず歌っているのが案外おもしろい。

つくりものはおもしろくない。退屈した受け手の発見である。はじめからわかっている人のつくったものは、どうしても、ウソっぽい。本当にニュース性のあるものがほしい。

受け手が見つけたひとつが、気象情報である。これはあらかじめ決定できないからいい。調子に乗った送り手が、時間を長くするから、受け手は混乱、好天も曇天のようになることもあるが、いい加減なドラマよりおもしろい。ただ、調子に乗った放送者がよけいなことをならべるのは、迷惑である。

天気予報が優秀なこどもに好まれるというのは、五十年前から始まったこと。ノンキな送り手がドラマづくり、歌謡番組に目の色をかえているとき、頭のいい子たちは、天気予報を好んだ。それをバカにした送り手はおくれていたのである。

天気予報を喜んだかつての受け手がいまどうしているのか、はっきりしない。

ケイタイからおしゃべり会へ

コミュニケイション、マスコミということばが一般的になったのは、戦後、テレビが始まって以来である。多くの人は、コミュニケイションということばを充分理解することなくマスコミを歓迎した。放送がもっとも有力なマスコミと目されたのは自然で、コミュニケイションの本質など考えているヒマはなかった。コミュニケイションは本来、送り手と受け手がなくてはならないのに、モノ言わぬ受け手しか存在しないテレビ、ラジオが、マスコミであると考えられた。

受け手はずっと沈黙していたが、その自覚がないまま、マスコミに対してさめた目を向ける受け手の増加に送り手は立ち向かわなくてはならなくなった。

送り手と受け手のコミュニケイションが成立するのは、電話である。マスコミではないが、送り手と受け手が交流することができる。

バラマキ（ブロードキャスト）の放送は原理的にコミュニケイションはできない。そんなことも、長い間、一般は気づかなかった。ケイタイ電話が歓迎されたのは、コミュニケイションが成立するからである。

そのケイタイ電話にもあきた受け手が、対話を求めて喫茶店などにたむろするのが新しい文化になった。受け手の目ざめである。

おしゃべりは、受け手を生かす点で、創造的で、昔から大きな発見や発明のもとになったことを歴史は教えている。

いまの時代、もっとも、有力なコミュニケイションの場は、おしゃべり会であろうが、それを実現するのが意外に難しい。

通信

ハガキの美学

かつて、人々はしきりにハガキを書いた。

「ハガキも書けぬ」

というのは恥ずかしいことであった。用件がなくても、おりおりのあいさつをした。それがいまも年賀状や暑中見舞として残っているが、心がこもっていない印刷のハガキでは趣きがない。

むかしの人は、せっせと、ハガキを書いた。〝ハガキ一枚〟というが、もらってありがたいハガキを書くには、教養がいる。手紙を書くのとは違った心づかいが必要である。

いいハガキをもらうと、読みすてるのが惜しくて、読みさしの本のしおり代わりにしておりおり見なおす若者もあった。

いまは、ハガキのことも手紙と言っているが、もともと、ハガキは手紙ではない。つまり、信書ではない。手紙は信書であるから第三者の他見を許さない。信書は秘密をふくんでいる。

ハガキは他見をある程度、予期している。それだけでも、書くのが、手紙より厄介である。忙しいからハガキを書く。時間がないからハガキにする。と昔の人も言ったものだが、間違っている。忙しいときにハガキなど書いてはいけないのである。

イギリスの戯作家、バーナード・ショウは、有名なレターライター、筆まめで、生涯に何万通かの手紙を書いたと言われるが、

「今日は、体力がないから、長い手紙になるが、あしからず……」

と言って長文の手紙を書いている。

つまり、短い通信が難しいのである。「ハガキ一枚」は「手紙一本」よりむずかしいということを知らないで年をとる人が多かったのは是非もない。

小さな字を書きならべてハガキを書く人がいまもあるけれども、やはり、間違い。

せいぜい六行どまり。言ってみれば、俳句をつくるような気持ちがほしい。俳句の花の咲いた日本である。ハガキが栄えてよいはずである。歴史的に有名な、

「一筆啓上、火の用心、お仙泣かすな、馬肥せ」

はハガキのない時代の名文である。

夏目漱石はハガキの名手であった。ある正月、愛弟子の寺田寅彦あてにハガキを出した。

「一月二日、例の人たちが集まる。馳走を食べるだけなら夕方、手伝うなら午後からお出でくだされ度……」という意味のハガキを書いて、寅彦を喜ばせた。

いまはかつてより忙しい。たいした用件もないのにくだくだと書き散らした手紙など書く人もないが、なくて幸いである。

パソコンで打ち出した手紙は、読みやすいから助かる。

手紙は候文にかぎる

このごろ手紙を書く人がへっている。ことに個人間の手紙は例外的である。文章を綴るのはいつの時代もたいへんであるが、それでも昔の人は手紙を書くことに努力し

た。

ことに若いとき、ラヴ・レターを書いたり書こうとした人はかなりたくさんあったように思われる。ラヴ・レターで思わぬ名文をものした人もあったに違いない。一般の人はラヴ・レターを書くわけにはいかないから、文章に苦労する。そういう人たちが書簡体文体ともいうべきものを発見した。候文である。戦後まで、手紙、通信は候文が基本であった。

候文といっても面倒なことはない。文末を候で結べば、候文になる。

お願い申し上げます、は、願い上げ候、

そちらへ伺います、は、参上つかまつり候、

……と考えております、は、……の所存にご座候。

第一人称の主語が表に出ないところが特色で、それだけに、つめたい感じになることもあるが、普通のことばでは言いにくいことも、候文だとさらりと言ってのける。

かつて、もちろん戦前のことだが、ある編集者が、あるすこしばかり名の売れた作家のところへ、原稿依頼に行った。〝先生〟はあっさり承諾、編集者はよろこんだ。ちょっとほかをまわって帰ってみると、その人からの速達が届いていた（当時、速達

はそんなに速く届いたのであろう)。

速達の返事は、執筆できない、という断わりであったという。編集者は面と向かって断わられるより、この方がよかったと思ったそうである。候文のよさである。

かつての親は、遊学中のこどもに、手紙を書くとき、候文を使った。〝勉強しなくてはいけないよ〟などと書かれるより、「勉学専一に願いおり候」などと書かれた方が身にしみるのである。若ものも、候文がうまく書けるように心がけた。大人になったような気がする。

ものをたのまれたときも、断わるには候文に限る、と昔の人は考えた。断わりにくいことでも、〝貴意に添いがたくはなはだ申しわけなく存じ候〟などとすればいい。戦後、候文が消えて、手紙もはがきも〝です・ます〟体で書かれるようになった。ものわからない人たちは、手紙が書きやすくなったように誤解したが、大違いである。候文がなくなって、手紙は、たいへん書きにくくなったのである。

電話という危険なメディア

だんだん手紙もはがきも書かれなくなって電話ですますようになったが、電話は手紙に及ばないことがある。

とくに、じっくり考えた上でないと答えられないようなことでも、トッサに電話で返事したりする。

手紙のやりとりでも、友だちだったりすると、ケンカになることもないではない。しかし、そんなことは稀である。ところが、日ごろ親しくしている仲間と電話でしゃべっていて、言い合いになることがすくなくない。心は、まどろっこしい。話しことばや、手紙では通じ合っても、電話の声になると、思わぬマサツ、食いちがいが出て、ケンカになったりすることもある。電話は、危険なメディアであるかもしれない。顔を合わせて話しているのとは違ったことばをやりとりしているのであろう。

そこを悪用したのが、振り込め詐欺、オレオレ詐欺である。

気の遠くなるような大金を、電話でダマシとられる。不思議なくらいであるが、電話がなくては考えることもできない犯罪である。いくらなくしようとしても、一向にそれどころか、新手があらわれて、被害はむしろ、ふえている、というのだからおどろきである。

おもしろいのは、振り込め詐欺の被害が、関東と関西で大きく違うことである。関東が断然多い、十倍くらい多い。ことばのはたらきが東西で大きな差があるらしいことを感じさせる。東京の人の方が、だまされやすい、と言えるかどうかわからないが、関西の人より感度が低いのかもしれない。

小学生に作文を書かせる。作文コンクールをすると、低学年ほど西高東低が目立つ。おもしろい文章を書くのは関西に多いのであるが、どうしてそうなるのか、はっきりしたことはわからない。

固定電話の、不備

電話はまさに画期的な新しいメディアであるが、登場時は、接続を人手にたよっていたので、通信の手段としては限定的であった。地方から東京へ電話をかけるには、局に申込んで、つながるのを、あてもなく待つのである。その間、そばについていなければならない。

仕事の必要のある人は別だが、一般の人間にとって始末がわるく、お世辞にも、便利とは言えなかった。郵便の方が実用的であった。

自動接続になって、通信手段としての電話の価値は飛躍的に向上したけれども、なお、こまかいことは、郵便などで追認する必要がある。しかし、電話は便利であるということが一般の認識になり加入者が激増、ほとんどの家庭が電話をもつようになった。

しかし、伝達の手段としては、しっかりとらえられず、社交的な使用が多かったのである。通信手段として利用するには、どういう注意が必要か、ということも考えず、電話をかけていたのである。

その不備を衝く、悪智恵があらわれたのである。

見ず知らずの他人が肉親を名乗っても、受ける側は、それがわからない。信じられないようなことを信じて、ときに大金をまき上げられる、オレオレ詐欺が続出した。警察が注意し、銀行などが用心しても、事件はすこしも減少しない。通信手段としての電話がいかに危険であるかということが、ようやくわかりかけているところか。

同じ電話でも携帯電話は固定電話とは違って生活化している。通信の機能がいっそうはっきりしている。詐欺がおこりにくいのは、通信力の差にあるのだろうか。

出版不況を呼ぶ読者の力

テレビ、ラジオは、新聞、雑誌などとともに、マスコミュニケイションと呼ばれている。マスコミは、コミュニケイションを名乗っているが、コミュニケイションの役割を果たしていない。発信すれども受信せず、だからである。もちろん受け手の反応はあるが、発信側に届かない。

一方的放送であることを越えようと、デジタル双方向テレビが始まったが、受け手の声を生かす方法、その価値について、しっかりした考えをもたない人たちでは、手に余ることとなのであろう。デジタル双方向テレビはいつしか力を失っている。マスコミのテレビやラジオが通信の機能をもつには、受け手の確立が必要であり、いまのところ、そういう、受け手は充分な数に達していない。マスコミは送り手の一方通行をつづけなくてはならないであろう。

マスコミュニケイションにおける受け手の存在はなおはっきり認知されていないが、別におどろくこともない。

すべての文化が、送り手中心に動いている。受け手は、はっきり認知されていない。しかたのないことかもしれない。

これまでの文化が、送り手中心に動いてきたことは、モノの世界を考えればはっきりする。

モノは造る人が中心、それを求める消費者は送り手の生産者の言うなりになるほかはない。すくなくともごく最近まで、生産者が上位、消費者は従属的であった。

生産、製造の技術が向上、大量生産が増大すると、需給の力関係が変わってくる。生産者の売り手市場であったものが、すこしずつ変化、消費者の発言力が大きくなる。生産力の強い社会で、消費者の相対的地位が高まり、ついに、〝消費者は王様〟というのが冗談でなくなる。

情報についても、近年、この需給関係に変化がおこりつつある。かつては、本を書く人、本を出す人は〝先生〟であった。読者は名もない存在で、先生の作品をありがたく拝読する。ところが、先生がふえて、本がかんたんに出るようになるにつれて、作者のステイタスは下がりはじめる。本を出したいと考える人は、〝読者〟をおそれるようになって、おもしろい本がすくなくなり、ますます、読者の地位を高めることになる。出版不況といわれるものも一部、王様になりかけている読者の力である。もっともまだ、王様とまではいかないかもしれないが、貴族的になりつつある読者の層が育ちつつあると言ってよいかもしれない。

情報の発信と受信の間にも、モノの生産と消費の関係に似たことが考えられる。もともとはつねに、情報、報道されることは受容よりすくなかった。時代がたつにつれて発信も受信も増大するが、文化の進展によって、受信の方が発信を上まわるようになる。教育はそれを調節するものであるが、教育が受信者を大幅に増加させたのに対して、発信者の数が受信者を上まわるようになって情報化社会が出現して、これまでの需給関係に変化を及ぼすようになった。書籍や雑誌が売れなくなったというのが教育の普及、拡大と軌を一にしているのは偶然ではないだろう。情報や知識に不満をいだく受け手は、新しい発信を求めている。

人工知能が期待されるのも、発信力の増強を求める、受信者たちの無言の圧力のためであると考えることも可能である。

郵便

手紙のたのしみ

年をとると、おもしろいこと、たのしみがだんだんすくなくなる。退屈であるが、まぎらせてくれるものがない。結局、用のない手紙をもらうのがいちばんのよろこびである、と思うようになったら、人生、いよいよフィナーレに近い。それはありがたくないが、思いもかけない人から、「用があるわけではないが、どうしているか、と思って、手紙を書きます……」といった手紙が舞込むと、目がさめたような気がするのである。

若いころ、ヒマつぶしに読んでいたイギリスの本に、郵便好きの少年が、大きくなったら何になりたい？　ときかれて、言下に、

「ポストマン！」

と言い放つのをひどくおもしろいと思った。

イギリスには郵便好きが多いらしい。これも以前のはなしだが、イギリスから帰ってきたというアメリカの婦人が、イギリス人の手紙好きをアメリカの新聞に熱っぽく書いているのを読んだときも感動した。その婦人、ロンドン郊外で二年だか滞在していたそうだが、となりは大会社の社長。もちろん日ごろの付き合いはないが、折にふれて手紙が来る。うちの花が先週から咲いています……など。

この女性の友人の家庭は、ひとり息子が別居していて、ときどき、両親のところへ来て食事をする。息子は帰ると両親あてに礼状を書く。両親は別々に、よくきてくれました……などと礼状を出す。まことに、うらやましい、とアメリカ婦人は伝えていた。読んでいるこちらもつりこまれそうであった。

わたくし自身、むかしから手紙、はがきをもらうのを喜びとしてきた。うちにいる日は、郵便のとどくころになると落ち着かなくなる。かすかな音がすると、それッーと飛び出す。空耳であると、スゴスゴもどる。また、音がするから、出てみると、郵便受けにどっさり入っている。わけもなくうれしくなる。

書斎へもっていって読む。たいていは何でもない郵便物。

あんなもの、来ない方がいい、と言う心なき人もあるらしいが、手紙好きは、枯木もにぎわいの気持ちである。大型郵便の間からハガキが出てくる。郷里の旧友からだ。小さな字でゴチャゴチャ書いてあるから、ルーペで見る。とりとめないことがあれこれならんでいる。一度では惜しい。もう一度、くりかえして読むと、すこしちがった味わいがある。近ければ会えるが……などと思う。

気がついてみて、かなり時間がたっている。あわてて片づける。あとはゆっくり見ることにしようと思うのがたのしみである。

手紙が伝える敬愛の心

手紙を待つようになったのは、中学生のときからである。家庭がおもしろくない。いくらか荒れていたのであろう。父親が寄宿舎のある中学校へ入学させた。いくらか、気がとがめたのであろうか、父はせっせと手紙、はがきを寄越す。いつも締めくくりは〝勉学専一に願い上げ候〟である。十二歳のこどもに、願い上げ候はこっけいだが、候文の手紙で大人扱いされているようで愉快であった。毎週の父の手紙を心待ちにして、中学を卒業した。なんとなく反撥していた父がやはり温いというように感じるようになったのは、候文の手紙のおかげである。

うちで一緒にいたころは、こどものことでもあって、父の声を意識することもなかったが、候文の手紙をくれるようになってから、だんだん父の声があたたかくやわらかくなったような気がし、父を身近に感じるようになった。

こちらがひとり立ちしてからも、父の手紙はつづいた。口実のためなのか、郷里の名産、八丁味噌をいっしょに送ってきた。それはいよいよ体の自由がきかなくなるまで続いた。

父のイメージは手紙の中でできたような気がする。手紙は心を伝える、ということを信じるようになった。

人間はひとりでは生きていかれない。それはわかっているが、本当に心をひかれるのはすこし、ときには、遠く、はなれた相手であるように思われる。

いつか、南極探検隊の隊員に、新妻が、年賀状として、ただ、

ア　ナ　タ

という電報をうったことが話題になったことがある。はなれて遠くの夫にあてた年賀

状だから、ほかの人も感動する。

先にも紹介したように、夏目漱石は愛弟子の寺田寅彦あてに、「正月二日に、門下の人たちが集まる。馳走を食べるだけなら夕方から、手伝うなら午後からおいで下さい」というハガキを年の暮に出した。

それがすぐ届いた当時の郵便はすばらしいが、このはがきは、それ以上、やさしい漱石の気持ちを伝えている。

人間は、身近なものを大切にする気持ちがある一方で、すこし離れているものに対しても敬愛の心をいだくようになっているらしい。敬愛と言っても、敬の心が強い。

心理的距離の作り方

敬遠ということばがあるが、ごく近いものに対して、親しみは感じても、敬意をいだくことはすくない。敬して遠ざける、敬遠という心理がはたらく。

面と向かって話しているときには親しみが感じられなくても、遠くはなれると、心ひかれるのが人間であるらしい。

手紙が相手を立てるのは、相手との間合をたしかにするためであるかもしれない。

日本人はとりわけこのセンスにすぐれている。宛名を〝君〟などとするのは手紙の作法に外れる。すくなくとも〝様〟である。

年上の人には、それでも足りないのか、〝侍史《じし》〟などを添える、直接では恐れ多いから、おそばのしかる人を侍史にする。机下、というのも直接的言及をさけることばである。

本当の先生ではない人に、先生をつけるのも、心理的距離をあらわすのである。どんな乱暴な人でも、宛名を呼びすてにした手紙は書かない。

電話は手紙と比べて、便利、即座に返事がもらえる点ですぐれているが、余りに近すぎる。それでマサツがおこることもあるし、ケンカになることもすくなくない。ことに若い人では、ふだん仲がいいのに、電話だとケンカをするというのも、電話が、受け手をうまく敬遠できない、悪く直接的であるためであろう。

ある店で、年輩の店主、おやじさんが、しきりに電話に向かっておじぎをした。見ていた息子が、いくらペコペコしたって、相手には見えないんだから、みっともないことはよせ、と言った。

やはり、若ものは未熟である。見えなくても相手に頭をさげている心は、伝わるのである。受け手、人間は心弱き存在である。つねにほかから攻撃されたりするのではないかと心おだやかでない。そこへ、遠くから敬意のこもったことばが届けば、おのずから心楽しむことができる。手紙を心待ちする気持ちもそこから生まれるのであろう。

受け手を認める

ひと口に伝達、コミュニケイションというが、受け手はつねに送り手に隷属している。送り手の言うなりになっているのが受け手で、その存在の疑われることもすくなくない。

手紙は、その中にあって、ユニークである。受け手は送り手に従属しなくていい。ときに送り手を動かす力をもっているが、稀有の受け手である。

そういう受け手の力を知ってか知らずにか、まるでバカにしたようなことをしているのが送り手のプロである。放送、新聞、雑誌の人たちは、本当に受け手を立てているのか。意地の悪い受け手は、あやしい、とにらんでいる。

その点で、案外、進んでいるのが政治である。文化、経済、産業より先んじて、受け手の力を認めるのである。デモクラシーが受け手、有識者によって動くことを、おそまきながら、気づいて、主権在民に向かって動き始めているように思われる。やはり政治を志す人、客商売をする人は、すすんでいるのであろう。消費者は王様、などと言う前に、主権在民に気づいた。受け手を重んじその意を迎えることに心を砕いている。男性が送り手論理にしばられているのに、女性が選挙に強いところを示して、変化をおこしたのが地方政治で、女性の首長がふえた。男性もぼんやり送り手の座にアグラをかいているのではなく、新しい受け手とわたり合える送り手になる研究が必要である。

送り手と受け手が、競い合うデモクラシーが実現すれば、人類は新しい歴史を始めることができるように思われる。

いくらか飛躍するキライはあるが、郵便、手紙は、送り手と受け手の融合、親和の原点であるように思われる。

本書は「ちくま文庫」のために新たに書き下ろされたものである。

思考の整理学　外山滋比古

アイディアを軽やかに離陸させ、思考をのびのびと飛行させる方法を、広い視野とシャープな論理で知られる著者が、明快に提示する。

「読み」の整理学　外山滋比古

読み方には、既知を読むアルファ（おかゆ）読みと、未知を読むベータ（スルメ）読みがある。リーディングの新しい地平を開く目からウロコの一冊。

ライフワークの思想　外山滋比古

自分だけの時間を作ることは一番の精神的肥料になる、前進だけが人生ではない——。時間を生かして、ライフワークの花を咲かせる貴重な提案。

アイディアのレッスン　外山滋比古

しなやかな発想、思考を実生活に生かすには？　たんなる思いつきを〝使えるアイディア〟にする方法をお教えします。『思考の整理学』実践篇。

異本論　外山滋比古

表現は人に理解されるたびに変化する、それが異本である。読者は自由な読み方をしてよいのだ、著者の意図など考慮せずに。画期的な読者論。

空気の教育　外山滋比古

子どもを包む家庭や学校の空気こそ、最も深いところに作用する。押し付けや口先だけの注意では子どもに届かない。斬新な教育エッセイ。

おしゃべりの思想　外山滋比古

人前で話すのが上手な人はおしゃべりが多い？　しかしことばの使い方次第で人生が大きく変わることもある。あなたは話すことに自信がありますか？

質問力　齋藤孝

コミュニケーション上達の秘訣は質問力にあり！　これさえ磨けば、初対面の人からも深い話が引き出せる。話題の本の、待望の文庫化。（斎藤兆史）

段取り力　齋藤孝

仕事でも勉強でも、うまくいかない時は「段取りが悪かったのではないか」と思えば道が開かれる。段取り名人となるコツを伝授する！（池上彰）

コメント力　齋藤孝

オリジナリティのあるコメントを言えるかどうかで「おもしろい人」、「できる人」という評価が決まる。優れたコメントに学べ！

齋藤孝の速読塾　齋藤孝

二割読書法、キーワード探し、呼吸法から本の選び方まで著者が実践する「脳が活性化し理解力が高まる」夢の読書法を大公開！（水道橋博士）

齋藤孝の企画塾　齋藤孝

「企画」は現実を動かし、実現してこそ意義がある。成功の秘訣は何だったかを学び、「企画力」の鍛え方を初級編・上級編に分けて解説する。（岩崎夏海）

仕事力　齋藤孝

「仕事力」をつけて自由になろう！　課題を小さく明確なことに落とし込み、2週間で集中して取り組めば、必ずできる人になる。（海老原嗣生）

前向き力　齋藤孝

「がんばっているのに、うまくいかない」あなた。ちょっと力を抜いて、くよくよ、ごちゃごちゃから抜け出すとすっきりうまくいきます。（名越康文）

かかわり方のまなび方　西村佳哲

「仕事」の先には必ず人が居る。自分を人を十全に活かすこと。それが「いい仕事」につながる。その方策を探った働き方研究第三弾。（向谷地生良）

味方をふやす技術　藤原和博

他人とのつながりがなければ、生きてゆけない。でも味方をふやすためには、嫌われる覚悟も必要だ。ほんとうに豊かな人間関係を築くために！

人生の教科書［おかねとしあわせ］　藤原和博

「人との絆を深める使い方だけが、幸せを導く」――こう断言する著者が実践してきた幸せになるお金の使い方、18の法則とは？（木暮太一）

人生の教科書［よのなかのルール］　藤原和博　宮台真司

〝バカを伝染（うつ）さない〟ための「成熟社会へのパスポート」です。大人と子ども、お金と仕事、男と女と自殺のルールを考える。（重松清）

人生の教科書［人間関係］　藤原和博

人間関係で一番大切なことは、相手に「！」を感じてもらうことだ。そのための、すぐに使えるヒントが詰まった一冊。（茂木健一郎）

人生の教科書［情報編集力をつける国語］　藤原和博／重松清／橋本治

コミュニケーションツールとしての日本語力＝情報編集力をつけるのが国語。重松清の小説と橋本治の古典で実践教科書を完成。（平田オリザ）

英国セント・キルダ島で知った何も持たない生き方	井形慶子	イギリス通の著者が偶然知った世界遺産の島セント・キルダでの暮らしと社会を日本で初めて紹介。実在した島民の目を通じてその魅力を語る。
よみがえれ！ 老朽家屋	井形慶子	吉祥寺商店街近くの昭和の一軒家を格安でリフォーム、念願の店舗付住宅を手に入れるまで。住宅エッセイの話題作、ついに文庫化！
突撃！ロンドンに家を買う	井形慶子	ロンドンの中古物件は古いほど価値がある。夢を果たすために東奔西走、お屋敷から公団住宅まで歩いて知った英国式「理想の家」の買い方。（菊地邦夫）
いつかイギリスに暮らすわたし	井形慶子	失恋した時、仕事に疲れた時、いつも優しく抱きとめてくれたのは、安らぎの風景と確かな暮らしのあるイギリスだった。あなたも。（林信吾）
東京 吉祥寺 田舎暮らし	井形慶子	愛する英国流生活の原点は武蔵野にあった。住みたい街№1に輝く街、吉祥寺を「東京の田舎」と呼ぶ、奇想天外な井形流素朴な暮らしの楽しみ方。
漢字とアジア	石川九楊	中国で生まれた漢字が、日本（平仮名）、朝鮮（ハングル）、越南（チューノム）を形づくった。鬼才の書家が巨視的な視点から語る二千年の歴史。
座右の古典	鎌田浩毅	読むほどに教養が身につく！ 古今東西の必読古典50冊を厳選し項目別に分かりやすく解説。京大人気教授が伝授する、忙しい現代人のための古典案内。
闇屋になりそこねた哲学者	木田元	原爆投下を目撃した海軍兵学校帰りの少年は、ハイデガーとの出会いによって哲学を志す。自伝の形を借りたユニークな哲学入門。（与那原恵）
レトリックと詭弁	香西秀信	「沈黙を強いる問い」「論点のすり替え」など、議論に仕掛けられた巧妙な罠に陥ることなく、詐術に打ち勝つ方法を伝授する。
学問の力	佐伯啓思	学問には普遍性と同時に「故郷」が必要だ。経済用語に支配され現実離れしてゆく学問の本質を問い直し、体験を交えながら再生への道を探る。（猪木武徳）

ぼくが真実を口にすると 吉本隆明88語　勢古浩爾

吉本隆明の著作や発言の中から、とくに心に突き刺さったフレーズ、人生の指針となった言葉を選び出し、それを手掛かりに彼の思想を探っていく。

人生を〈半分〉降りる　中島義道

哲学的に生きるには〈半隠遁〉というスタイルを貫くしかない。「清貧」とは異なるその意味と方法を、自身の体験を素材に解き明かす。（中野翠）

哲学の道場　中島義道

哲学は難解で危険なものだ。しかし、世の中にはこれを必要とする人たちがいる。――死の不条理への問いを中心に、哲学の神髄を伝える。（小浜逸郎）

ヒトラーのウィーン　中島義道

最も美しいものと最も醜いものが同居する都市ウィーンで、二十世紀最大の「怪物」はどのような青春を送り、そして挫折したのか。（加藤尚武）

橋本治と内田樹　橋本治　内田樹

不毛で窮屈な議論をほぐし直し、「よきもの」に変える成熟した知性が、あらゆることを語りつくす。伝説の対談集ついに文庫化！（鶴澤寛也）

世界がわかる宗教社会学入門　橋爪大三郎

宗教なんてうさんくさい⁉ でも宗教は文化や価値観の骨格であり、それゆえ紛争のタネにもなる。世界宗教のエッセンスがわかる充実の入門書。

アーキテクチャの生態系　濱野智史

2ちゃんねる、ニコニコ動画、初音ミク……。日本独自の進化を遂げたウェブ環境を見渡す、新世代の社会分析。待望の文庫化。（佐々木俊尚）

私の幸福論　福田恆存

この世は不平等だ。何と言おうと！ しかしあなたは幸福にならなければ……。平易な言葉で生きることの意味を説く刺激的な書。（中野翠）

現代語訳 文明論之概略　福澤諭吉　齋藤孝訳

「文明」の本質と時代の課題を、鋭い知性で捉え、巧みな文体で説く。福澤諭吉の最高傑作にして近代日本を代表する重要著作が現代語でよみがえる。

反社会学講座　パオロ・マッツァリーノ

恣意的なデータを使用し、権威的な発想で人に説教する困った学問「社会学」の暴走をエンターテイメントな議論で撃つ！ 真の啓蒙は笑いから。

脳はなぜ「心」を作ったのか　前野隆司
「意識」とは何か。どこまでが「私」なのか。死んだら「心」はどうなるのか。――「意識」と「心」の謎に挑んだ話題の本の文庫化。（夢枕獏）

錯覚する脳　前野隆司
「意識のクオリア」も五感も、すべては脳が作り上げた錯覚だった！　ロボット工学者が科学的に明らかにする衝撃の結論を信じられますか。（武藤浩史）

増補 日本語が亡びるとき　水村美苗
明治以来豊かな近代文学を生み出してきた日本語が、いま、大きな岐路に立っている。我々にとって言語とは何なのか。第8回小林秀雄賞受賞作に大幅増補。

英国の貴族　森護
イギリスの歴史に大きな地位を占める公爵10家の成り立ちと変遷を、個性的な人物たちや数々のエピソードに絡めて興味深く紹介する。

希望格差社会　山田昌弘
職業・家庭・教育の全てが二極化し、「努力は報われない」と感じた人々から希望が消えるリスク社会日本。「格差社会」論はここから始まった！

教養としてのワインの世界史　山下範久
ギリシャ時代より愛飲され、近代の幕開けとともに「世界商品」として歴史を動かしてきた嗜好品・ワイン。その歴史を辿り、資本主義の本質にせまる。

夏目漱石を読む　吉本隆明
主題を追求する「暗い」漱石と愛される「国民作家」をつなぐ資質の問題とは？　平明で卓抜な漱石講義十二講。第2回小林秀雄賞受賞。（関川夏央）

ちぐはぐな身体《からだ》　鷲田清一
ファッションは、だらしなく着くずすことから始まる。中高生の制服の着崩し、コムデギャルソン、刺青等から身体論を語る。（永江朗）

哲学個人授業　鷲田清一／永江朗
哲学者のとぎすまされた言葉には、歌舞伎役者の切る「見得」にも似た魅力がある。哲学者23人の魅惑の言葉。文庫版では語り下ろし対談を追加。

ひとはなぜ服を着るのか　鷲田清一
ファッションやモードを素材として、アイデンティティや自分らしさの問題を現象学的視線で分析する。「鷲田ファッション学」のスタンダード・テキスト。

パーソナリティ障害がわかる本　岡田尊司

性格は変えられる。「パーソナリティ障害」を「個性」に変えるために、本人や周囲の人がどう対応し、どう工夫したらよいかがわかる。（山登敬之）

学校って何だろう　苅谷剛彦

「なぜ勉強しなければいけないの？」「校則って必要なの？」等、これまでの常識を問いなおし、学ぶ意味を再び摑むための基本図書。（小山内美江子）

独学のすすめ　加藤秀俊

教育の混迷と意欲の喪失には出口が見えないが、IT技術は「独学」の可能性を広げている。「やる気」という視点から教育の原点に迫る。（竹内洋）

発声と身体のレッスン　鴻上尚史

あなた自身の「こえ」と「からだ」を自覚し、魅力的に向上させるための必要最低限のレッスンの数々。続ければ驚くべき変化が！（安田登）

やる気も成績も必ず上がる家庭勉強法　齋藤孝

勉強はやれば必ずできるようになる！　ちょっとしたコツで勉強が好きになり、苦痛が減る方法を伝授する。家庭で親が子どもと一緒に学べる方法とは？

ひきこもりはなぜ「治る」のか？　斎藤環

「ひきこもり」研究の第一人者の著者が、ラカン、コフート等の精神分析理論でひきこもる人の精神病理を読み解き、家族の対応法を解説する。（井出草平）

承認をめぐる病　斎藤環

人に認められたい気持ちに過度にこだわると、さまざまな病理が露呈する。現代のカルチャーや事件から精神科医が「承認依存」を分析する。（土井隆義）

本番に強くなる　白石豊

メンタルコーチである著者が、禅やヨーガの方法をとりいれつつ、強い心の作り方を解説する。「ここ一番」で力が出ないというあなたに！（天外伺朗）

子は親を救うために「心の病」になる　高橋和巳

子は親が好きだからこそ「心の病」になり、親を救おうとしている。精神科医である著者が説く、親子という「生きづらさ」の原点とその解決法。

人は変われる　高橋和巳

人は大人になった後でこそ、自分を変えられる。多くの事例をあげ「運命を変えて、どう生きるか」を考察した名著、待望の文庫化。（中江有里）

杏のふむふむ　杏

連続テレビ小説「ごちそうさん」で国民的な女優となった杏が、それまでの人生を、人との出会いをテーマに描いたエッセイ集。（村上春樹）

遺　言　石牟礼道子／志村ふくみ

未曾有の大災害の後、言葉を交わしあうことを強く望んだ作家と染織家。新しいよみがえりを祈って紡いだ次世代へのメッセージ。（志村洋子／志村昌司）

身近な雑草の愉快な生きかた　稲垣栄洋／三上修・画

名もなき草たちの暮らしぶりと生き残り戦術を愛情とユーモアに満ちた視線で観察、紹介した植物エッセイ。繊細なイラストも魅力。（宮田珠己）

そば打ちの哲学　石川文康

そばを打ち、食すとき、知性と身体と感覚は交錯し、人生の風景が映し出される――この魅惑的な世界を楽しむためのユニークな入門書。（四方洋）

一向一揆共和国　まほろばの闇　五木寛之

「隠された日本」シリーズ第四弾。金沢が成立する前の「百姓の国」と一向一揆の真実、「ぬばたまの闇」と形容される大和の深い闇を追求する。

フルサトをつくる　伊藤洋志

都会か田舎か、定住か移住かという二者択一を超えて、もう一つの本拠地をつくろう！　場所の見つけ方、人との繋がり方、仕事の作り方。（安藤桃子）

ボン書店の幻　内堀弘

1930年代、一人で活字を組み印刷し好きな本を刊行していた出版社があった。刊行人鳥羽茂と書物の舞台裏の物語を探る。（長谷川郁夫）

女子の古本屋　岡崎武志

女性店主の個性的な古書店が増えています。カフェを併設したり雑貨も置くなど、独自の品揃えで注目の各店を紹介。追加取材して文庫化。（近代ナリコ）

夕陽妄語 1（全3巻）　加藤周一

高い見識に裏打ちされた時評は時代を越えて普遍性を持つ。政治から文化まで、二〇世紀後半からの四半世紀を、加藤周一はどう見たか。（成田龍一）

開高健ベスト・エッセイ　開高健／小玉武 編

文学から食、ヴェトナム戦争まで――おそるべき博覧強記と行動力。「生きて、書いて、ぶつかった」開高健の広大な世界を凝縮したエッセイを精選。

増補 遅読のすすめ　山村修

読書は速度か？ 分量か？ ゆっくりでなければ得られない「効能」が読書にはある。名書評家「狐」による読書術。単行本未収録書評を増補。（佐久間文子）

〈狐〉が選んだ入門書　山村修

〈狐〉のペンネームで知られた著者が、言葉・古典文芸・歴史・思想史・美術の各分野から五点ずつ選び、意外性に満ちた世界を解き明かす。（加藤弘一）

向田邦子との二十年　久世光彦

あの人は、あり過ぎるくらいあった始末におえない胸の中のものを誰にだって、一言も口にしない人だった。時を共有した二人の世界。（新井信）

ポケットに外国語を　黒田龍之助

言葉への異常な愛情で、外国語本来の面白さを伝えるエッセイ集。ついでに外国語学習が、もっと楽しくなるヒントもつまっている。（堀江敏幸）

柴田元幸ベスト・エッセイ　柴田元幸編著

例文が異常に面白い辞書。名曲の斬新過ぎる解釈。そして工業地帯で育った日々の記憶。名翻訳家が自ら選んだ、文庫オリジナル決定版。

アンソロジー カレーライス!! 大盛り　杉田淳子編

内田百閒、池波正太郎、阿川佐和子……。忘れられない味からとっておきの名店まで、作家のカレー愛に満ちた名エッセイ、ボリュームたっぷり44編！

人生をいじくり回してはいけない　水木しげる

水木サンが見たこの世の地獄と天国。人生、自然の流れに身を委ね、のんびり暮らそうというエッセイ。推薦文＝外山滋比古、中川翔子。（大泉実成）

山口瞳ベスト・エッセイ　山口瞳　小玉武編

サラリーマン処世術から飲食、幸福と死まで。――幅広い話題の中に普遍的な人間観察眼が光る山口瞳の豊饒なエッセイ世界を一冊に凝縮した決定版。

音楽放浪記 日本之巻　片山杜秀

山田耕筰、橋本國彦、伊福部昭、坂本龍一……。伝統と西洋近代の狭間で、日本の音楽家は何を考えたか？ 稀代の評論家による傑作音楽評論。（井上章一）

談志 最後の根多帳　立川談志

落語のネタ決めの基準から稽古法まで談志落語の舞台裏を公開。貴重な音源から名演五席を収録し、本・CD・DVDリストを付す。（広瀬和生）

味覚日乗　辰巳芳子

春夏秋冬、季節ごとの恵み香り立つ料理歳時記。日々のあたりまえの食事を、自らの手で生み出す喜びと呼吸を、名文章で綴る。（藤田千恵子）

諸国空想料理店　高山なおみ

注目の料理人の第一エッセイ集。世界各地で出会った料理をもとに空想力を発揮して作ったレシピ。よしもとばなな氏も絶賛。（南椌椌）

ちゃんと食べてる？　有元葉子

元気に豊かに生きるための料理とは？　食材や道具の選び方、おいしさを引き出すコツなど、著者の台所の哲学がぎゅっとつまった一冊。（高橋みどり）

買えない味　平松洋子

一晩寝かしたお芋の煮っころがし、土瓶で淹れた番茶、風にあてた干し豚の滋味……日常の中にこそある、おいしさを綴ったエッセイ集。（中島京子）

くいしんぼう　高橋みどり

高望みはしない。ゆでた野菜を盛るくらい。でもごはんはちゃんと炊く。料理する、食べる、それを繰り返す、読んでおいしい生活の基本。（高山なおみ）

昭和の洋食 平成のカフェ飯　阿古真理

小津安二郎『お茶漬の味』から漫画『きのう何食べた？』まで、家庭料理はどのように描かれてきたか。食と家族と社会の変化を読み解く。（上野千鶴子）

色を奏でる　志村ふくみ・文　井上隆雄・写真

色と糸と織――それぞれに思いを深めて織り続ける染織家にして人間国宝の著者の、エッセイと鮮かな写真が織りなす豊醇な世界。オールカラー。

なんたってドーナツ　早川茉莉編

貧しかった時代の手作りおやつ、日曜学校で出合った素敵なお菓子、毎朝宿泊客にドーナツを配るホテル、哲学させる穴……。文庫オリジナル。

玉子ふわふわ　早川茉莉編

国民的な食材の玉子、むきむきで抱きしめたい！　森茉莉、武田百合子、吉田健一、山本精一、宇江佐真理ら37人が綴る玉子にまつわる悲喜こもごも。

暮しの老いじたく　南和子

老いは突然、坂道を転げ落ちるようにやってくる。その時になってあわてないために今、何ができるか。道具選びや住居など、具体的な50の提案。

ちくま文庫

伝達《でんたつ》の整理《せいり》学《がく》

二〇一九年一月十日　第一刷発行

著　者　外山滋比古（とやま・しげひこ）

発行者　喜入冬子

発行所　株式会社　筑摩書房
東京都台東区蔵前二―五―三　〒一一一―八七五五
電話番号　〇三―五六八七―二六〇一（代表）

装幀者　安野光雅

印刷所　中央精版印刷株式会社

製本所　中央精版印刷株式会社

ISBN978-4-480-43564-4　C0195